Kohlhammer

Harald Jele

# Richtig zitieren

5., erweiterte und überarbeitete Auflage

Verlag W. Kohlhammer

Dieses Werk einschließlich aller seiner Teile ist urheberrechtlich geschützt. Jede Verwendung außerhalb der engen Grenzen des Urheberrechts ist ohne Zustimmung des Verlags unzulässig und strafbar. Das gilt insbesondere für Vervielfältigungen, Übersetzungen, Mikroverfilmungen und für die Einspeicherung und Verarbeitung in elektronischen Systemen.

Es konnten nicht alle Rechtsinhaber von Abbildungen ermittelt werden. Sollte dem Verlag gegenüber der Nachweis der Rechtsinhaberschaft geführt werden, wird das branchenübliche Honorar nachträglich gezahlt.

Dieses Werk enthält Hinweise/Links zu externen Websites Dritter, auf deren Inhalt der Verlag keinen Einfluss hat und die der Haftung der jeweiligen Seitenanbieter oder -betreiber unterliegen. Zum Zeitpunkt der Verlinkung wurden die externen Websites auf mögliche Rechtsverstöße überprüft und dabei keine Rechtsverletzung festgestellt. Ohne konkrete Hinweise auf eine solche Rechtsverletzung ist eine permanente inhaltliche Kontrolle der verlinkten Seiten nicht zumutbar. Sollten jedoch Rechtsverletzungen bekannt werden, werden die betroffenen externen Links soweit möglich unverzüglich entfernt.

Umschlagabbildung: iStock.com/gesrey

5., erweiterte und überarbeitete Auflage 2024

Alle Rechte vorbehalten
© W. Kohlhammer GmbH, Stuttgart
Gesamtherstellung: W. Kohlhammer GmbH, Stuttgart

Print:
ISBN 978-3-17-044687-8

E-Book-Format:
pdf: ISBN 978-3-17-044688-5

# Inhaltsverzeichnis

| | | |
|---|---|---|
| **Vorwort zur fünften Auflage** | | 7 |
| **Vorwort** | | 11 |
| **1 Einleitung** | | 13 |
| **2 Kriterien des Zitierens** | | 15 |
| 2.1 | Grundsätze des Zitierens | 15 |
| 2.2 | Zitieranalyse und Zitationsdatenbanken | 20 |
| **3 Beispiele gängiger Zitierformen** | | 29 |
| 3.1 | Begriffsklärung: Werkformen | 29 |
| 3.2 | Begriffsklärung: Zitierattribute | 36 |
| 3.3 | Das Zitieren nach der Harvard-Methode | 43 |
| 3.3.1 | Formale Ausprägungen in der Quellenangabe | 43 |
| 3.3.2 | Formale Ausprägungen im Literaturverzeichnis | 45 |
| 3.3.3 | Beispiele unterschiedlicher Werkformen | 46 |
| 3.4 | Das Zitieren in abgewandelter Kurzform (AMS) | 56 |
| 3.4.1 | Formale Ausprägungen in der Quellenangabe | 56 |
| 3.4.2 | Formale Ausprägungen im Literaturverzeichnis | 57 |
| 3.5 | Der Quellennachweis in Fußnoten | 58 |
| 3.6 | Das Zitieren von Nicht-Text-Inhalten | 60 |
| **4 Das Zitieren von Inhalten in Online-Form** | | 63 |
| 4.1 | Vielfalt und Flüchtigkeit | 63 |
| 4.2 | URL, DOI, PURL und URN | 64 |
| 4.3 | Zum Thema Künstliche Intelligenz | 68 |
| **5 Das Zitieren mit Softwareunterstützung** | | 75 |
| 5.1 | Rahmenbedingungen und Grundlagen | 75 |
| 5.2 | Ausgewählte Anwendungsbeispiele | 81 |
| 5.2.1 | Beispiel unter Verwendung kommerzieller Produkte | 82 |
| 5.2.2 | Beispiel unter Verwendung freier Produkte | 86 |
| 5.2.3 | Beispiel Zotero | 93 |

## 6 Zitieren versus Plagiieren — 99
- 6.1 Was ist ein Plagiat? — 99
- 6.2 Patch-Writing und Co. im wissenschaftlichen Arbeiten? — 102
- 6.3 Qualitätssicherung durch Open Access und Open Data — 106

## 7 Schön zitiert – was nun? — 113

## 8 Anhang — 115
- 8.1 Rechercheergebnisse im Zitierformat (Bsp. 1) — 115
- 8.2 Rechercheergebnisse im Zitierformat (Bsp. 2) — 118
- 8.3 Auswertung einer Zitierdatenbank durch Ko-Zitierung — 120
- 8.4 Bsp. eines Literaturverzeichnisses (Harvard-Methode) — 123
- 8.5 Bsp. eines Literaturverzeichnisses (AMS) — 124
- 8.6 Beispieldarstellung: Quellennachweise in Fußnoten — 125

## 9 Abkürzungsverzeichnis — 127

## 10 Raum für Notizen — 131

## 11 Abbildungsverzeichnis — 133

## 12 Literaturverzeichnis — 135

## 13 Begriffsindex — 143

## Vorwort zur fünften Auflage

Bereits in den letzten Auflagen dieses Werkes machte sich der rasante technologische Wandel, der unseren Alltag, aber auch das wissenschaftliche Arbeiten erfasst hat, mit all seinen Auswirkungen deutlich bemerkbar. Waren die damit einhergehenden Veränderungen bislang wesentlich davon geprägt, dass immer mehr Informationsquellen zuerst in digitaler Form und schließlich in einer solchen online verfügbar und über die gängigen Suchwerkzeuge auffindbar waren, so ändert sich dieses Verhältnis von Informationsquellen zur möglichst einfachen Auffindbarkeit gerade wieder um einen weiteren Schritt.

Das Auffinden wissenschaftlicher Quellen war in den 1990er Jahren noch eng mit der Vorstellung verknüpft, bei der Suche günstige Suchbegriffe zu verwenden, um passende Treffer zu erhalten. Wissenschaftler waren daher dazu angehalten, diese in einem ersten Schritt zu eruieren und in einem zweiten in probater Weise miteinander zu verknüpfen. Die dabei möglichen Suchanfragen waren abhängig von der spezifischen Suchsprache, die (bestimmt durch das jeweilige Medium) zum Einsatz kam. Damit lag das Recherchieren überwiegend in der eigenen Verantwortung, die erzielbare Treffermenge war von Anfrage zu Anfrage solange konstant, bis sich neu hinzukommende Quellen für die Anfrage qualifizierten.

Diese Umstände änderten sich spätestens mit der Jahrtausendwende markant. Anstelle des Ansatzes, einem Benutzer eine komplexe Suchsprache zur Verfügung zu stellen und personalisierbare Filter dafür einzusetzen, und zudem Neues automatisiert über E-Mail dem Suchenden mitzuteilen, wurde der Ansatz populär, die Treffermenge nicht durch stufenweise Einschränkung der Ergebnisse (durch die Ausweitung der Suchbegriffe und deren Verknüpfung) auf eine günstige Menge zu reduzieren, sondern dafür ein Ranking einzuführen, das aus einer deutlich größeren Ergebnismenge die passendsten Treffer vor den weniger passenden reiht. War man früher angehalten, alle Treffer einer möglichst kleinen, dafür aber zugleich möglichst genauen Menge durchzusehen, war die Überprüfung der zumeist sehr großen oder gar riesigen Gesamttreffermenge damit hinfällig und auch unmöglich geworden. Mit diesem Ansatz musste man sich auf das Ranking der Treffer verlassen, auf das man selbst kaum einwirken konnte.

Mit der Verknüpfung von klassischen Suchstrategien und Technologien, die aus der Erforschung der Künstlichen Intelligenz stammen, ändert sich nun einerseits die Art und Weise, wie man in der Recherche strukturiert vorgeht. Andererseits verändert sich aber gleichzeitig auch die Art und Weise, wie Ergebnisse erzielt und präsentiert werden. Dieser Umstand hat natürlich auch wesentlichen Einfluss darauf, wie mit aufgefundenen und nachzuweisenden wissenschaftlichen Quellen umgegangen wird. Viele Ergebnisse einer Recherche sind ab diesem Zeitpunkt nicht mehr als reine Wiedergabe von bereits Vorhandenem und Aufgefundenem zu sehen, sondern (je nach Anwendung) etwas nahezu passend Vorgefertigtes oder Zusammengefasstes, ohne dass der damit verbundene Aufwand wesentlich mit einer Leistung dessen in Verbindung steht, der die spezifische Suchanfrage gestellt hat. Seit Herbst 2022 wurden Werkzeuge rund um ChatGPT bekannt und populär und in kürzester Zeit haben diese auf unterschiedlichsten Wegen Eingang in das wissenschaftliche Arbeiten und somit in das Zitieren gefunden.

Die Verwendung der Harvard-Methode wurde in den letzten Jahren vor allem in den angelsächsischen Ländern wieder mehr zur Diskussion gestellt. Manche Institutionen, die in der Vergangenheit diese Methode durchaus umfangreich zum Einsatz gebracht und darüber hinaus präferiert und empfohlen hatten, stellten diese nun aufgrund besonderer Umstände in Frage. Diskutiert wurden dabei vor allem die beiden Tatsachen: (1) Hinter der Harvard-Methode steht keine regulierende, normierende Instanz, auch wenn der Name „Harvard" eine solche vermuten lässt, und (2) zudem kennt diese Methode eine große Vielfalt an Varietäten, sodass man einem Dritten nicht einfach vorgeben kann, er solle sich beim Zitieren an die Harvard-Methode halten und damit wären die erzielbaren Ergebnisse bis ins Detail eindeutig vorhersagbar. Letztlich hat sich aus dieser Diskussion jedoch die Meinung durchgesetzt, dass beide Umstände nicht unbedingt nachteilig sind und die Vorteile, dass diese Zitierweise weiterhin sehr einfach für die unterschiedlichsten Bedürfnisse adaptiert und entsprechend umgesetzt werden kann, überwiegen. Die wesentlichsten Unterschiede in der Umsetzung der Harvard-Methode liegen ohnehin in den Vorgaben zur Interpunktion. Das bedeutet, dass an Stellen, an denen die einen ein Komma setzen, andere vielleicht einen Punkt präferieren oder einen solchen vorschreiben. So marginal dies erscheinen mag, die Diskussion über das Fehlen einer normierenden Instanz sollte jedenfalls im Auge behalten werden.

Nachdem sich der technische und technologische Wandel vielfach ungebremst auch im wissenschaftlichen Arbeiten niederschlägt, bedarf dieser wohl stets eines besonderen Augenmerks.

Trotzdem zeigt sich, dass der technische Wandel nicht auf sich selbst reduziert gesehen werden darf. Allein der Umstand, dass immer mehr Dokumente in digitaler Form angeboten und dass die zugehörigen bibliographischen Daten häufig frei Haus gleich mit geliefert werden, bedeutet nicht, dass die Zitierprobleme in diesem Zusammenhang quasi automatisch gelöst sind und klammheimlich von der Bildfläche verschwinden. Das Gegenteil ist häufig der Fall: Bibliographische Angaben werden zwar zunehmend zum einfachen Kopieren angeboten, jedoch muss deren Benutzer weiterhin ganz genau hinsehen und selbst erkennen, ob Angaben fehlen, um damit schließlich einen vollständigen Eintrag im Literaturverzeichnis einer wissenschaftlichen Arbeit herstellen zu können. Dass dies nicht immer ganz einfach ist, zeigt ein Blick in die Liste der unterschiedlichen Werkformen, wie sie beispielsweise in *Kap. 3.1* aufgelistet sind. Über dieses Problem mögen bessere und verbesserte Programme zur Literatur- und Zitateverwaltung hinwegtrösten, vollständig (und zur Zufriedenheit aller) können sie dieses zumeist jedoch nicht lösen.

Das Projekt Zotero ist seinen Kinderschuhen längst entwachsen und hat sich innerhalb der *Scientific community* seinen Platz neben den etablierten Programmen erobert. Zusammenarbeit ist der Schlüsselbegriff, auf den viele der Methoden bauen, die damit realisiert wurden. Mit der Ergänzung von *Kap. 5.2.3* ist dieses Programm, dieser Ansatz zur Literatur- und Zitateverwaltung, berücksichtigt worden. Dem Umstand, dass bibliographische Daten über standardisierte Schnittstellen nicht immer richtig und vollständig (korrekt) abgefragt werden können, begegnen die Entwickler von Zotero mit der Idee, die Daten direkt den Web-Seiten zu entnehmen, die dem Benutzer angezeigt werden. Damit kann dieser in vielen Fällen bereits vor der Übernahme der Daten entscheiden, ob diese umfänglich, ausreichend oder eher rudimentär sind und seine weitere Vorgehensweise entsprechend anpassen.

Auch der Umgang mit dem Zitieren von Inhalten in Online-Form, und im Speziellen mit *URL*, *DOI*, *PURL* und *URN* zeigt in der Praxis vermehrt Unsicherheiten und wurde daher zu einem eigenen *Kap. 4* aufgewertet, vollständig durchgesehen und erweitert.

Die Diskussion zum Thema „Zitieren in wissenschaftlichen Arbeiten" hat in den letzten Jahren eine auch in der breiteren Öffentlichkeit deutlich wahrnehmbare Dynamik erfahren: Wurde bislang das Zitieren als eine überwiegend formale Angelegenheit gesehen, nämlich als eine Technik, bereits vorhandene Inhalte in eigene Texte zu übernehmen und deren Herkunft kenntlich zu machen, die – abhängig vom jeweiligen Kontext – mehr oder weniger ausgeprägt ist, so hat die Debatte vor allem zu den in den Medien bekannt gewordenen Plagiatsfällen auch dazu geführt, dass inkorrektes oder nachlässig betriebenes Zitieren mitunter als eine Vorstufe des Plagiats aufgefasst wird. Dieser Argumentation folgend, gelangt man unweigerlich dazu, die häufig in Frage gestellte Dreiheit von einerseits korrektem Zitieren, andererseits (sogenanntem) „schlampigen Zitieren" und letztlich dem Plagiieren wahrzunehmen. Dieser Diskussion wurde in der dritten Auflage des vorliegenden Werks durch die Ergänzung um das Kapitel zum Plagiarismus Rechnung getragen.

Dabei zeigt die Besprechung dieses durchaus heiklen und in der Literatur sehr kontroversiell behandelten Themas eine große Vielfalt an wissenschaftlichen, sozialen und ethischen Dimensionen, die es zu berücksichtigen gilt. Zudem spielen unterschiedliche Vorstellungen von der „Ehrwürdigkeit" der Wissenschaft und die unterschiedlich ausgeprägte, aber vielfach bestehende und in die Diskussion entsprechend eingebrachte Eitelkeit von Wissenschaftlern eine nicht unwesentliche Rolle. Die Berücksichtigung beider Faktoren ist schließlich sehr hilfreich für die Entwicklung des notwendigen Verständnisses zur einschlägigen und im Grunde sehr heftig geführten Diskussion.

All die hier aufgezählten Änderungen und Ergänzungen dürfen jedoch vom eigentlich intendierten Ziel dieses Buches nicht ablenken: Im Grunde ist es (zumindest meiner bescheidenen Einschätzung nach) nicht immer zielführend, in allen Details Ratschläge oder gar Regeln zum formvollendeten Zitieren zu unterbreiten, sondern vielmehr notwendig, die wesentlichen Grundlagen und Ideen, auf denen aufbauend sinnvoll weitergearbeitet werden kann, beispielhaft und genau zu beschreiben.

# Vorwort

Die Analyse und die konkrete Beschäftigung mit wissenschaftlichen Texten zeigt, dass die praktische Anwendung von Zitiervorschriften durch Wissenschaftler zwischen zwei – voneinander sehr deutlich – verschiedenen Ausprägungen steht:

Einerseits können Texte nachgewiesen werden, mit denen versucht wurde, den formalen Vorschriften punktgenau und bis ins kleinste Detail zu folgen. Solche Texte erscheinen oft übertrieben (genau[1]) formal gestaltet. Beim Lesen tritt dabei mitunter das Phänomen auf, dass die Form des Textes die Inhalte soweit überlagert, dass ein Leser diese als störend empfindet oder dass die Form gar zu einer Behinderung wird, Inhalte verständlich, einordenbar und nachvollziehbar erschließen zu können. Solche Texte scheinen nach meiner Wahrnehmung im Lichte eines spezifischen „Zitierfetischismus" entstanden zu sein. Dessen abschreckende Wirkung tut bei Studierenden sein Übriges und erreicht im besten Falle staunende Ehrfurcht vor so einer großen Dichte an *Wissenschaftlichkeit*.

Andererseits finden sich viele Texte, die genau dem Gegenteil verpflichtet scheinen. Ein wesentliches und oft anzutreffendes Kennzeichen solcher ist, dass die im Text genannten Quellenangaben nicht eindeutig einem bestimmten erschienenen Werk zuweisbar bzw. dass diese Werke – den Quellenangaben zwar exakt folgend – in keinem Katalog oder Verzeichnis einfach auffindbar sind.

Nun – als Leser dieses Buches werden Sie leicht erkennen können, dass meine eigene Vorstellung vom sinnvollen Umgang mit dem Zitieren in wissenschaftlichen Arbeiten zwischen diesen beiden Polen liegt. In diesem Sinn sind die nachfolgenden Beispiele sowie mein kritischer Kommentar dazu zu verstehen.[2]

---

1    Im Sinne von *detailreich*.
2    Zudem möchte ich an dieser Stelle deutlich darauf hinweisen, dass mein Verständnis von „gutem" oder „schlechtem" Zitieren sich nicht auf das Einhalten möglichst formvollendeter Zitierregeln reduzieren lässt.
    Zitieren heißt – entsprechend der nachfolgenden Beschreibung –, mit fremden („nicht eigenen") Inhalten umgehen, deren Einschätzung wesentlich von den Vorkenntnissen, Interessen und Bedürfnissen desjenigen abhängig ist, der diese Inhalte übernimmt.
    „Gutes" Zitieren wird im wissenschaftlichen Arbeiten als eigenständige Leistung verlangt und ist selbstverständlich wesentlicher Bestandteil dessen, deutet aber in seinem Gelingen auch darauf hin, dass die übernommenen Inhalte klar einordenbar verstanden wurden.
    „Schlechtes" Zitieren ist dementsprechend für mich hauptsächlich Ausdruck fehlenden Vor-

Zudem muss ich an dieser Stelle anführen, dass zeitgemäßes Zitieren ohnehin Regulationen unterworfen ist, die so noch vor Jahren nicht bestanden haben: Moderne Software, die die sog. *Textverarbeitung* unterstützt, bietet unterschiedliche, aber doch sehr bestimmte Mechanismen, die die Art und Weise – wie das Zitieren im wissenschaftlichen Arbeiten geleistet wird – bestimmen.[3] Dieser Aspekt führt innerhalb ganzer Wissenschaftszweige dazu, dass allein durch das formale Aussehen wissenschaftlicher Texte auf deren Herkunft oder auf deren Disziplin geschlossen werden kann.[4]

Geschlechtsspezifische Bezeichnungen wurden in diesem Text nicht gleichzeitig in ihrer männlichen und weiblichen Form, sondern ausschließlich in ihrer männlichen verwendet. Mein Versuch, beide Formen durchgängig einzusetzen, muss leider als gescheitert angesehen werden. Der Versuch, ausschließlich weibliche Formen zu verwenden, hatte leider einen völlig unverständlichen Text zur Folge. Geschlechtsneutrale Bezeichnungen ließen sich nicht in jedem Fall finden.

---

verständnisses oder nicht vorhandener Kenntnisse, die es z. B. im Laufe eines Studiums zu erwerben gilt.

3  Mitunter auch in einer Art und Weise, die man eventuell so nicht geplant hatte.

4  ... oder zumindest ziemlich treffsicher „geraten" werden kann (als ein sehr prominentes Beispiel kann in diesem Zusammenhang auf die Rolle des Satzprogrammes TeX/LaTeX verwiesen werden).

# 1 Einleitung

Ein konkretes Problem, das sich oft im Umgang mit dem Thema „*Wissenschaftlichkeit*" zeigt, ist, dass ein – besonderes und mitunter eigenartig anmutendes – Verständnis davon vorhanden ist: Wissenschaftliches Arbeiten und die Kriterien von Wissenschaftlichkeit werden vielfach mit der korrekten Einhaltung formaler Formvorschriften gleichgesetzt oder erscheinen in diesen Fällen zumindest von einer solchen Intuition geprägt.[5]

Dieses Verständnis wird hier nicht geteilt – vielmehr wird jener Ansatz gewählt, der in Jele (vgl. 2003, S. 13–16) referiert ist. Dabei stehen folgende Kriterien des wissenschaftlichen Arbeitens im Mittelpunkt, die von Eco (vgl. 1993, S. 40–46) als *Faustregeln* beschrieben wurden:

- Wissenschaftler behandeln Themen (i. S. v. *Gegenständen*), die für Dritte[6] eindeutig erkennbar, voneinander unterscheidbar und gegeneinander (m. E.) abgrenzbar sind,
- eine wissenschaftliche Untersuchung muss mit ihren Ergebnissen über diesen *Gegenstand* Dinge sagen, die noch nicht gesagt worden sind, oder Aussagen liefern, die so (in dieser Art und Weise) noch nicht gesagt wurden,
- die Untersuchung muss für andere von Nutzen sein. Ihre Ergebnisse müssen den spezifischen Erkenntnisstand erweitern bzw. das wissenschaftliche Fortkommen erleichtern,
- wissenschaftliche Arbeiten müssen jene Angaben enthalten, die es einem Dritten ermöglichen, nachzuprüfen, ob die vorausgesetzten oder angenommenen Hypothesen sowie die erbrachten Ergebnisse richtig oder falsch sind.

Diese Kriterien werden üblicherweise in einer der Aufgabenstellung entsprechenden (!), spezifischen Form[7] abgebildet. Form und Funktion wissenschaftlicher Arbeiten sind aus diesem Grund immer gemeinsam zu betrachten. Die Formen bzw.

---

5  Dieser Umstand lässt sich empirisch relativ einfach durch eine Analyse der üblichen Einführungen in das wissenschaftliche Arbeiten bestätigen bzw. entspricht im Wesentlichen auch der gängigen Erwartungshaltung von Studierenden, die solche oder ähnliche Lehrveranstaltung im Rahmen ihres Universitätsstudiums zu bewältigen haben.
6  *Dritte* meint hier *fachverständige Dritte*, *Fachkollegen*.
7  Die hier angesprochenen Formen wissenschaftlicher Arbeiten werden von Eco (1993) als *idealtypische Gegensatzpaare* beschrieben, die in ihrer konkreten Ausprägung letztlich fließend zwischen den Gegensätzen realisiert werden: *kompilatorische Arbeiten* vs. *Forschungsarbeiten*,

die gewählten, spezifischen Techniken des Zitierens werden in diesem Ansatz somit weitestgehend losgelöst von der *Form des wissenschaftlichen Arbeitens* betrachtet.

Stellvertretend für die wahrlich zahlreich vorhandenen Zitiervorschriften[8] werden hier drei prominente genannt: die *Harvard-Methode*, die *Stilvorschriften der AMS* sowie der sog. *Belegverweis* (das Zitieren in Fußnoten). Dass diese zudem jeweils nicht „bis ins kleinste Detail", sondern eher grundlegend vor dem hier genannten „inneren" wie „äußeren" Kontext beschrieben werden, soll nicht von meiner „Unwilligkeit" zeugen, sondern vielmehr darauf hinweisen, dass deren Ähnlichkeiten und Verwandtschaft zueinander in einer Weise ausgeprägt sind, dass nicht alle drei Methoden gleichermaßen umfangreich beschrieben werden müssen. Dementsprechend ist in dieser Arbeit das Übergewicht in der Darstellung der Harvard-Methode zu verstehen: Ausgehend vom Verständnis dieser lassen sich sehr einfach Verhältnisse in der jeweils anderen (Methode) antizipieren.

---

*monographische Arbeiten* vs. *enzyklopädische Arbeiten*, *geschichtliche Arbeiten* vs. *theoretische Arbeiten*, *historische Arbeiten* vs. *zeitgenössische Arbeiten*.
Die Formendarstellung dient weniger der Beschreibung einer eigentlichen Formeneinteilung. Vielmehr liefert diese eine Beschreibung der unterschiedlichen *Funktionen* wissenschaftlicher Arbeiten sowie der damit verknüpften üblichen *Ansprüche*.
Zur weiteren Beschreibung siehe Eco (vgl. 1993, S. 8–10 sowie S. 20–24) und Jele (vgl. 2003, S. 17–22).

8   Ein Blick auf die allein für das Satzprogramm LaTeX sowie dessen Zusatz BibTeX vorhandenen, frei zugänglichen Zitierstile zeigt bereits die große Fülle an konkreten, umzusetzenden Zitierregeln/Zitiervorschriften.
Vgl. dazu z. B. die Quellen unter *https://ftp.math.utah.edu/pub/tex/bibtex/*.

# 2 Kriterien des Zitierens

## 2.1 Grundsätze des Zitierens: der *innere* Kontext

Eine wesentliche Funktion des Zitierens ist der Nachweis von *übernommenen Inhalten* (aus anderen Arbeiten). Wichtig ist dabei der Ansatz, dass fremdes und eigenes Gedankengut, das als Ergebnis bereits in einer Form vorgelegen hat und verwendet wird, als solches ausgewiesen wird.[9]

Die Frage, welche Inhalte im Zitieren nachgewiesen werden, ist in einigen Fällen hingegen nicht immer eindeutig beantwortbar: Prinzipiell wird alles Übernommene als Zitat ausgewiesen, es sei denn, dass es sich

- dabei um Allgemeingut handelt,[10]
- um Wissen, das innerhalb der *Scientific community* als eindeutig zugeordnet gilt,[11]
- bzw. sich (mit der Zeit) ohnehin zu Allgemeinwissen entwickelt hat.[12]

Bei Weglassung dieser hier genannten Aspekte entstünde zudem in vielen Fällen das Problem, dass bestimmte Formen wissenschaftlicher Arbeiten[13] in ein „großes Zitat" verwandelt würden.

Unserer (mitteleuropäischen) Kulturtradition entsprechend verstehen wir unter dem Begriff „Gedankengut" in den meisten Fällen geschriebene, gedruckte Texte,

---

9  Von anderen (oder auch von sich selbst) „Abschreiben" ist i. d. S. auch völlig problemlos - solange erwähnt wird, woher die Inhalte stammen, also ordnungsgemäß zitiert wird.
10 Um Wissen, das keinen wirklichen Urheber (mehr) kennt, aber üblicherweise als solches bekannt ist und von den Lesern erkannt wird.
11 Bestimmte *Ansätze*, *Methoden*, *Theorien* oder *Ergebnisse* sind innerhalb ihrer Wissenschaftsgebiete oft ganz eindeutig mit bestimmten Personen bzw. deren Arbeiten fest verknüpft, sodass diese - auch ohne Nennung - von Fachkollegen sofort erkannt und zugeordnet werden können.
12 Z. B. ist der Lehrsatz von Pythagoras als solcher (in der Zwischenzeit) auch außerhalb der Mathematik soweit zum Teil unseres Allgemeinwissens geworden, dass ein Nachweis durch ein Zitat wohl als *übertrieben* (als nicht notwendig) angesehen werden kann.
13 Man denke bloß an „klassische" (typische) *kompilatorische*, *geschichtliche* Arbeiten, wie sie üblicherweise in der Universitätsausbildung durch Seminar- und Diplomarbeiten geleistet werden (s. a. Jele 2003, S. 17–22).

die wörtlich oder inhaltlich (sinngemäß) übernommen und dementsprechend zitiert werden. Trotzdem sind neben der überwiegenden Anzahl an zitierten Texten, die in schriftlicher Form vorliegen und sehr deutlich auf die schriftliche Tradition unseres (neuzeitlichen) Wissenschaftsverständnisses[14] hinweisen, mündliche Formen von wissenschaftlichen Arbeiten vorhanden.[15]

Die Ergebnisse dieser (mündlichen) Formen sind – zumindest nach unserem heutigen Verständnis und den damit verbundenen üblichen Ansprüchen – wesentlich schwieriger zu handhaben. Der Spielraum für unterschiedliche, sinnfremde Interpretationen ist im Umgang mit mündlichen Texten wesentlich größer; der Nachweis im Zitat dementsprechend leichter anzuzweifelbar. Neben den nicht immer automatisch vorhandenen Möglichkeiten des Beleges[16] drängt sich in diesem Zusammenhang die im Einzelnen zu lösende Frage der „*richtigen Interpretation*" deutlicher in den Vordergrund.

Die Entscheidung darüber, welchen Regeln man im wissenschaftlichen Arbeiten gehorcht, kann nicht immer frei getroffen werden. Um Texte innerhalb eines zusammengehörigen Textkorpus formal zueinander ähnlich abzubilden, geben Verlage, Einrichtungen, bei denen eine entsprechende wissenschaftliche Leistung erbracht werden muss[17], oder herausgebende Institutionen ihren Autoren üblicherweise genaue Richtlinien vor. Diese sind bei periodisch erscheinenden Werken mitunter im Kolophon oder möglicherweise den extra ausgewiesenen *Hinweisen für Autoren* genannt. Aktuelle Informationen dazu liefern zudem die Informationen auf den entsprechenden (verlagsspezifischen) Seiten im *World Wide Web*.[18]

---

[14] Am Beginn des universitären Lehrbetriebes bzw. in der relativ frühen Zeit der Universitätsgründungen in Mitteleuropa (im späten Mittelalter ab ca. 1250) spielte die Mündlichkeit im Wissenschaftsbetrieb eine wesentlich wichtigere Rolle. Dieser Umstand war nicht allein durch die sehr zeitraubenden, aufwändigen und kostspieligen Herstellungsverfahren von Handschriften bedingt – das gesamt Wissenschaftsverständnis (damit auch der Erwerb und die Weitergabe von Erkenntnissen und Wissen) war deutlicher von einer Tradition des Mündlichen geprägt.

[15] Dazu zählen neben Vorträgen, deren Manuskripte nicht erschienen sind, jede Form mündlicher Beiträge, die in (offenen) Diskussionsrunden oder öffentlichen Gesprächen stattgefunden haben.
Ergebnisse aus mündlichen wissenschaftlichen Arbeiten werden innerhalb unseres Wissenschaftsverständnisses im deutschsprachigen Raum als eigenständige, wissenschaftliche Leistungen bereits verschieden zum angelsächsischen Raum gesehen, in dem mündliche wissenschaftliche Arbeiten durchaus deutlicher (positiv) gewertet und gefördert werden. Im deutschsprachigen Raum vermittelt der Wissenschaftsbetrieb vielfach den Eindruck, dass ausschließlich der geschriebene, publizierte Text eine wissenschaftliche Leistung darstellt.

[16] Ergebnisse mündlicher wissenschaftlicher Arbeiten können natürlich entsprechend festgehalten werden; trotzdem ist zu bedenken, dass dieser Umstand nicht in jedem Fall gegeben ist.

[17] Dazu zählen z. B. auch Fakultäten bzw. Universitätsinstitute.

[18] Einige Verlage stellen über ihre Internetzugänge nützlicherweise gleich komplette *Style-Sheets* für unterschiedliche Textverarbeitungssoftware zur Verfügung.
Bsp. dazu siehe online unter *https://www.ams.org/publications/authors/software* oder auch im Bereich „Autorenservice" in Springer (2024).

Unabhängig von der weiteren Vorgehensweise sollten jedoch immer folgende grundlegenden und durchaus nützlichen Grundregeln[19] beachtet werden:

1. Das Kriterium der *Einfachheit* besagt, dass unter den verschiedenen Formen des Nachweises von Quellen, verwendeten Materialien und anzuführender Literatur jene zu wählen ist, die formal am einfachsten für den Leser zu verstehen ist. Die Entscheidung für augenscheinlich einfache Formen ist natürlich eine rein subjektive, die aufgrund von Vorerfahrung intuitiv getroffen wird. Objektive Entscheidungen darüber, welche Formen gegenüber anderen als besonders einfach zu gelten haben, sind wohl nur anhand der Quantität der Formmerkmale zu treffen.[20]

   Zudem muss natürlich bedacht werden, dass die wissenschaftliche Bearbeitung eines großen Textkorpus im Sinne einer Quellenforschung und dessen schriftliche Interpretation die Verwendung aufwändiger Notationssysteme[21] nahelegt. Es darf aus diesem Grund auch nicht wirklich überraschen, dass z. B. geschichtswissenschaftliche oder auch literaturwissenschaftliche Arbeiten dementsprechend (formal aufwändig) angelegt sind.

2. Bei der Beschreibung der gängigen Zitierregeln wird darauf verwiesen, dass diese – unabhängig von der Menge an verwendeten Formmerkmalen sowie deren spezifischen Ausprägung – einer strikten *Regelmäßigkeit* gehorchen sollen.[22] Dabei ist natürlich zu beachten, dass formal eher zurückgehaltene (d. h. *einfache*) Formen mit wesentlich weniger Aufwand in ihrer Verwendung konsistent eingesetzt werden können.

   Der Aspekt, dass die strikte Einhaltung einer vorgegebenen Regelmäßigkeit gleichzeitig mit einem größeren Aufwand an formaler Prüfung verbunden ist, tritt jedoch mit dem Einsatz von unterstützender Software sehr in den Hintergrund: Einmal definierte Regeln werden bei jedem ihrer Aufrufe ohne weiteres manuelles Zutun in (hoffentlich) gleicher Art und Weise umgesetzt.

---

19 In der Beschreibung dieser Grundregeln versuche ich, die eigentlich sehr strikte Terminologie noch eher im Hintergrund zu halten. Diese wird im Anschluss genauer behandelt und an den entsprechend ausgewiesenen Stellen in exakter Weise verstanden. So wird hier von nachzuweisenden Texten oder Quellen in einem eher allgemeinen Sinne gesprochen – ohne anzugeben, um welcherlei Art von Text (*Primär-* oder *Sekundärquelle*, vorliegender *Textkorpus* oder eher loses *Datenmaterial*, bereits vorgearbeitete Bearbeitungen etc.) es sich handelt.

20 Das hieße – umgekehrt geschlossen –, dass die Verwendung einer großen Fülle an formgebenden Merkmalen ein Kennzeichen geringer Einfachheit wäre. Wie zuverlässig diese Aussage die empirisch erfahrbaren Formen und deren Interpretationsaufwand beschreibt, ist für mich selbst eher schwer einzuschätzen. Es gilt jedoch als sicher, dass ein großer Aufwand an formal unterschiedlichen Kennzeichen im Gegensatz zu deren (intuitiver) Verständlichkeit zu sehen ist.

21 *Notationssysteme* hier i. S. v. *Mitteln zur formalen Kennzeichnung*.

22 So mancher Studierender wird sich letztlich an die Anweisungen seines Betreuers erinnern können, mit denen dieser zum Ausdruck bringen wollte, dass es letztlich „egal" sei, nach welchen Zitierregeln im wissenschaftlichen Arbeiten vorgegangen werde, diese müssten zumindest „immer gleich" (= in der gleichen Form, d. h. *regelmäßig*) angewendet sein.

Zu beachten ist an dieser Stelle, dass die gewählte Zitierform immer mit dem formalen Aufbau des Literaturverzeichnisses harmonieren muss. Unabhängig davon, ob im Text Quellenangaben in Kurz- oder Langform wiedergegeben werden, muss es einem Leser möglich sein, die zitierte Literatur im Literaturverzeichnis an vorhersagbarer Stelle aufzufinden.[23]

3. Das notwendige Maß an *Exaktheit* im Zitieren ist deutlich von den äußeren Rahmenbedingungen des wissenschaftlichen Arbeitens geprägt. Unter Exaktheit wird hier der Umfang an Information verstanden, der notwendig ist, um ein Werk durch formale Angaben so zu beschreiben, dass auf dieses durch einen Dritten eindeutig geschlossen werden kann.[24]

Quellen und Texte, die mit geringem Aufwand formal eindeutig beschreibbar sind, die bereits an mehreren Stellen der gängigen Literatur nachgewiesen wurden, die in den verbreiteten und üblicherweise einfach zugänglichen Verzeichnissen und Katalogen mit Eintragungen versehen oder die z. B. online dauerhaft und mit einer stabilen Adresse[25] vorhanden sind, können durchaus in der Wiedergabe der einfachsten Form ausreichend exakt abgebildet sein.

Schwieriger hingegen ist der Umstand der Wiedergabe von nicht gängigen Texten oder Quellen anzusehen. Diese bedürfen eines höheren Maßes an Information, um aus dieser die Quelle eindeutig beschreiben ableiten zu können. Dazu zählen selten beschriebene Quellen[26], historisches oder literaturwissenschaftli-

---

[23] Üblicherweise werden in den entsprechenden Kurzformen die Familiennamen der Autoren bzw. eine davon abgeleitete Form verwendet. Z. B. wie hier im Text nach jenen Regeln, die im deutschen Sprachraum unter dem Namen „Harvard-Methode" bekannt sind. Wie beispielsweise *Jele 1998, S. 23.* Entsprechend muss (sinnvollerweise) das Literaturverzeichnis nach den Familiennamen alphabetisch geordnet sein.
Werden in der Kurzform hingegen Ableitungen aus den Familiennamen verwendet wie z. B. *[JEL98, 23]*, muss diese Kurzform das primäre Ordnungskriterium des Literaturverzeichnisses darstellen – wie in diesem Fall nach der Zitierweise der *AMS*.
Die Wichtigkeit dieses (offensichtlichen) Zusammenhangs (zwischen der gewählten Zitierform und der entsprechenden Ordnung des Literaturverzeichnisses) sollte gerade bei umfangreichen Arbeiten nicht unterschätzt und schon gar nicht vernachlässigt werden.

[24] Der Begriff *Exaktheit* sollte also nicht mit *Genauigkeit* verwechselt werden: Quellen, die von größerer Bekanntheit sind und die an vielen unterschiedlichen Literaturstellen nachgewiesen werden, bedürfen in ihrer formalen Beschreibung keiner großen Detailtreue. Wenngleich – im Umkehrschluss – die Angaben selbst in ungenauer Form natürlich wertlos sind.

[25] ... mit einem zeitlich stabilen *Link*.

[26] Der Umstand, dass bestimmte Quellen in der einschlägigen Literatur mitunter *„selten beschrieben"* sind, gilt natürlich vor allem für Material, dessen Zugänglichkeit nicht selbstverständlich vorausgesetzt oder angenommen werden kann. Beispiel dafür ist der große Bereich der sog. *grauen Literatur* innerhalb des Wissenschaftsbetriebes. Darunter versteht man Literatur, die erschienen, aber nicht publiziert ist. Sie schließt all jene (schriftlichen) Texte ein, die aus der (wissenschaftlichen) Korrespondenz (z. B. aus dem Briefwechsel) einer Person stammen.
Dabei zeigt sich, dass der Korpus der grauen Literatur mit der Verwendung elektronischer Medien (z. B. durch *Email*) für Nachlassverwalter, Bibliotheken, Dokumentationsstellen etc. zunehmend schwieriger zu handhaben und zu fassen ist.

ches Primär-Material, unzugängliche Übersetzungen ebenso wie Datenmaterial aus zweiter Hand.[27]
4. Das Kriterium der *Nachvollziehbarkeit*: Die Angaben, mit denen sich ein Autor auf die nachzuweisenden Quellen bezieht, müssen in der vorliegenden Form vollständig nachvollziehbar sein. Das heißt, einem relativ außenstehenden Dritten (also einem Fachkollegen) muss möglich sein, aus den vorliegenden Angaben jene zu entnehmen, die notwendig sind, um das referenzierte Werk eindeutig zu bestimmen.[28]
Das Kriterium der Nachvollziehbarkeit ist somit sehr wesentlich vom Grad der erreichten Exaktheit bestimmt.[29]
5. Die konkreten Ausprägungen[30] der formalen Techniken in wissenschaftlichen Arbeiten gehorchen in allen Fällen einer beschreibbaren *Praktikabilität*. Das heißt, die formalen Regeln sind immer im Kontext ihrer konkreten Anwendung und der bestehenden Tradition zu sehen, die für ein bestimmtes Fach bzw. für einen Wissenschaftszweig gilt.

Aus diesem Grund darf der Umstand auch nicht überraschen, dass die konkreten Ausprägungen wesentlich voneinander verschieden sein können. Das für Historiker oder die historischen Wissenschaften praktikable Zitieren (sowie der direkte Nachweis) von Quellen in Fußnoten mag z. B. für einen Sozialwissenschaftler als völlig unpraktikabel oder gar den Lesefluss deutlich erschwerend wirken, während umgekehrt ein Historiker möglicherweise die Techniken des Zitierens nach den Regeln der (eher an den Sozialwissenschaften orientierten) Harvard-Methode für seine Bedürfnisse als nicht ausreichend oder gar praktikabel erachtet.

---

27 *Datenmaterial aus zweiter Hand* i. S. v. Material, das einem im Original selbst nicht zugänglich ist/war, das aber in einer anderen (bearbeiteten, wiedergegebenen, kommentierten) Form vorliegt/vorgelegen ist.
28 Dieses Kriterium mag offensichtlich sein, andererseits zeigt sich gerade bei schwer zugänglichen und in der Literatur selten nachgewiesenen Werken die Schwierigkeit, genau jene Angaben zu tätigen, die ein Auffinden durch Fachkollegen in jedem Fall gewährleisten. Hilfreich kann in solchen Fällen z. B. das Anführen von Identifikationsnummern aus den entsprechenden Bibliographien oder Katalogen sein.
Dieser Umstand – dass Werke allein aufgrund ihrer bibliographischen Beschreibung nicht immer eindeutig erschließbar sind – zeigt sich neuerdings auch bei der Verwendung sehr aktueller, online erschienener Quellen, deren Auflagenstand („*Versionsnummer*") nicht in allen Fällen für den Leser transparent oder gar nachvollziehbar ist.
29 Bei der Besprechung des Kriteriums der Nachvollziehbarkeit der Quellenangaben wird davon ausgegangen, dass diese auch stets genannt werden: Inhalte, die übernommen oder z. B. auch in sehr ähnlicher Form abgewandelt werden, sind durch ein entsprechendes Zitat kenntlich zu machen.
Gerade bei Studierenden der ersten Semester kann beobachtet werden, dass dieser Umstand nicht immer erfüllt oder erkannt wird – und mitunter wichtige, wesentliche Inhalte, Aussagen, Theorien, Annahmen etc., die für jeden fachverständigen Dritten bestimmten Personen leicht zugewiesen werden können, ungekennzeichnet bleiben.
30 Also die konkrete Verwendung spezifischer *Attribute*, die spezifische *Notation*.

6. Die mitunter zueinander sehr verschiedenen Ausprägungen im wissenschaftlichen Zitieren dürfen nicht darüber hinwegtäuschen, dass sich diese in Form und Funktion sehr ähnlich sein können. Dieser Umstand, der hier als das Charakteristikum der *Vergleichbarkeit* angeführt wird, ist wesentlich für das Verständnis, das von einem Leser vorausgesetzt wird, wenn nicht davon ausgegangen werden kann, dass dieser mit der verwendeten Form des Zitierens vertraut ist.

   Aus diesem Grund ist an das Kriterium der Vergleichbarkeit vor allem immer dann zu denken, wenn vorgegebene Umstände[31] dazu führen, dass ungewohnte oder gar einzigartige Techniken (u. a. formale Regeln) verwendet oder erstellt werden.

7. Nicht zu unterschätzen ist das Kriterium der *produktspezifischen Eigenheiten*, das sich daraus ergibt, dass der Einsatz spezifischer, automatischer[32] (Textverarbeitungs-)Software dazu führt, dass sich aus der konkreten Anwendung formal spezifische Zitierweisen ergeben, die entsprechend deren Verwendung häufig oder eben auch eher selten vorkommen.[33]

## 2.2 Zitieranalyse und Zitationsdatenbanken: der äußere Kontext

Nachweise, die durch Zitate in wissenschaftliche Arbeiten eingebracht werden, tragen zudem über die spezifische Arbeit hinaus Bedeutung. Bei der Erstellung von sog. Zitationsdatenbanken[34] werden – analog zu Bibliographien – Publikationen[35] systematisch auf deren Zitate bzw. Nachweise von Literaturstellen analysiert. Aufgenommen werden in diese Datenbanken anschließend die zitierten Werke sowie der Aufsatz, in dem diese zitiert wurden.

Mit dem Einsatz von Zitationsdatenbanken ist es aus diesem Grund prinzipiell möglich, zu überprüfen, welche Werke (bzw. welche Autoren oder Titel) in z. B.

---

31 Wie z. B. solche, die durch das zu bearbeitende, möglicherweise „exotische" Quellenmaterial bedingt sind, bzw. auch all jene Methoden der Nachweiserbringung, die aus zweiter oder dritter Hand übernommen werden müssen.
32 Exakt eigentlich: „automatisationsunterstützender"; automatisch also i. S. v. „Vorgänge *automatisierend*".
33 Beim Einsatz von Software zur (automatisierten) Produktion von Zitaten und Literaturverzeichnissen – sowie der weiteren Verwaltung – ist zu beachten, dass in der Regel Zusatzsoftware (Zitierverwaltungen) angeschafft werden muss, da die Methoden, die von den gängigen Textverarbeitungsprogrammen unterstützt werden, in der Regel für umfangreiches bzw. kontinuierliches wissenschaftliches Arbeiten den gängigen Anforderungen nicht genügen (bzw. darauf auch gar nicht ausgerichtet sind).
34 Engl. *Citation Indexes/Indices* wie z. B. der *Social Sciences Citation Index* für die Sozialwissenschaften sowie der *Science Citation Index* für die Naturwissenschaften; vgl. https://mjl.clarivate.com/.
35 Das sind in der überwiegenden Mehrzahl *Aufsätze*, die in Zeitschriften bzw. in periodisch erscheinenden Werken (z. B. auch *Kongressberichten*) publiziert sind.

## 2.2 Zitieranalyse und Zitationsdatenbanken

welchen Zeitschriftenartikeln zitiert wurden. Das heißt, es ist durch die Anwendung verschiedener (meist mathematischer) Verfahren einerseits möglich, verschiedene (inhaltliche wie formale) Zusammenhänge zwischen Werken – auf der Basis des (möglicherweise gemeinsamen) Zitierens – herzustellen; andererseits lässt sich durch die genaue Fachkenntnis leicht darüber spekulieren, welche bestimmten (forschungsrelevanten) Rückschlüsse aus dem erhaltenen Datenmaterial auf ein konkretes Arbeitsfeld zulässig sind.[36]

Die Auswertung solcher Datenbankeinträge ist aus verschiedenen Blickwinkeln interessant. Damit lässt sich im Idealfall zeigen:

- welche wissenschaftlichen Auswirkungen bestimmte publizierte Ergebnisse, Ansätze oder Theorien hatten, indem diese von anderen aufgegriffen, verwendet und möglicherweise weiter entwickelt wurden,[37]
- welche Ansätze, Hypothesen, Theorien bzw. welche publizierenden Autoren besonders häufig übernommen wurden,[38]
- für welche Zeiträume einzelne spezifische Ansätze (besonders) von Interesse waren,[39]
- welche Zeitschriften für die Verbreitung bestimmter Inhalte von den Fachkollegen besonders wahrgenommen werden und aus diesem Grund eventuell besonderes Renommee besitzen.[40]

---

36 So werden z. B. im Rahmen von *Wissenschafts-* bzw. *Forschungsevaluation* regelmäßig auch statistische Auswertungen bibliographischer Zitierdatenbanken (als ein Versuch einer Leistungsmessung) durchgeführt.
37 Dieser Umstand ist in jedem Fall besonders von wissenschaftshistorischem Interesse (vgl. jedoch auch die vorhandene, im Text weiter unten zitierte Kritik, die an der Auswertung von Zitationsdatenbanken besteht).
38 Auch die rein quantitative Auswertung von Zitationsdatenbanken wird häufig als ein Aspekt der Auswertung in Evaluierungsverfahren gesehen.
39 Durch solche Analysen lassen sich – neben der Genese von Wissenschaftstheorien – besonders *Modetrends* innerhalb wissenschaftlicher Strömungen nachvollziehen bzw. analysieren.
40 Für fast alle Wissenschaftsgebiete existieren einzelne Zeitschriften, die unter Fachkollegen als „sehr angesehen" gelten. Ein Grund dafür, dass diese besonders (intensiv) wahrgenommen werden, ist der Eindruck oder Nachweis, dass deren Publikationen einer besonders intensiven Qualitätskontrolle unterliegen. Übliche, intensive Qualitätskontrollen werden bei Zeitschriftenpublikationen durch sog. *Peer-Reviews* erbracht. Dabei werden eingesandte Beiträge an mehrere, besonders kompetente Fachkollegen zur Begutachtung (anonymisiert) verschickt und deren Urteil zur Entscheidungsfindung herangezogen, ob diese Beiträge letztlich publiziert werden.
Jedoch liefert auch dieses sehr aufwändige Verfahren regelmäßig Ergebnisse, die sich im Nachhinein als ungültig herausgestellt und bewirkt haben, dass wichtige Beiträge nicht publiziert wurden und umgekehrt. *Peer-Reviews* werden von kritischen Wissenschaftlern aus diesem Grund auch prinzipiell als Methode zur Qualitätssicherung angezweifelt – und eher als Instrument gesehen, das bewusst eingesetzt werden kann, um bestimmte „Hürden" im Publikationsverfahren aufzubauen, die bestimmte Gruppen von Wissenschaftlern fördern bzw. andere (eher) benachteiligen.
Ein relativ prominentes Beispiel (Ende September 2002), das nicht nur in der einschlägigen Fachpresse Aufsehen erregt hat, ist der „Fall" des Physikers Jan Hendrik Schön (in seiner da-

Die Methoden, die zur Auswahl bestimmter Ergebnismengen aus Zitationsdatenbanken herangezogen werden, sind in der überwiegenden Mehrzahl Methoden der *Statistik*[41], mit denen Angaben bzw. Vorhersagen zu *Häufigkeitswerten*[42] getroffen werden – unter der Annahme, dass häufig zitierte Autoren bzw. Werke wesentlich für die Entwicklung bestimmter Wissenschaftsdisziplinen sind.

Die wissenschaftliche Disziplin, die sich mit der Erhebung und Berechnung der entsprechenden Kennzahlen sowie der Entwicklung bzw. Anwendung der Methodik beschäftigt, wird als *Bibliometrie* oder *Szientometrie*[43] bezeichnet. Durch die Verrechnung statistisch erhobener Werte lassen sich daneben einfach *Verhältniszahlen* errechnen und vorhersagen – unter der Annahme, dass mit diesen in quantitativer Form spezifische und repräsentative Aussagen für den Zustand und die Genese der somit erfassten Teilgebiete möglich sind.

Eine – besonders in den einschlägigen Evaluierungsverfahren wissenschaftlicher Arbeiten – häufig berechnete und entsprechend angegebene Verhältniszahl ist der sog. *Impact-Factor*. Diese rein quantitativ (ganze Zeitschriften und nicht (!) einzelne, konkrete Artikel) wertende Kennzahl beschreibt, wie viele Zitate ein Artikel einer Zeitschrift im Durchschnitt jährlich im zweiten und dritten Jahr nach seinem Erscheinen erhält (vgl. Garfield 1994b).[44] Weitere Berechnungsarten bzw.

---

maligen Funktion auch gleichzeitig Anwärter auf den Posten eines Direktors des Max-Planck-Institutes), dessen Ergebnisfälschungen (händisch korrigierte Messkurven physikalischer Experimente an Feldeffekt-Transistoren) auch den sehr genau vorgehenden Wissenschaftsmagazinen *Science* und *Nature* entgangen waren. Beide Magazine arbeiten intensiv an ihrer Qualitätssicherung mit *Peer-Reviews*. Betroffen waren Schöns Artikel in den Ausgaben *Science* (2000, Vol. 287, Issue 5455, S. 1022–1023 und 2001, Vol. 294, Issue 5549, S. 2138–2140) sowie *Nature* (2001, Vol. 413, S. 713–716) (vgl. Stieler 2002, S. 66–67).

41 Der Begriff „Statistik" wird in diesem Kontext so verstanden, wie er innerhalb der zeitgenössischen Mathematik englisch als *Computational Statistics* beschrieben wird. Damit werden im Allgemeinen Methoden, Verfahren und Ansätze der (klassischen) Statistik, der gängigen Graphentheorien sowie der Wahrscheinlichkeitsrechnung beschrieben.
42 Häufigkeitswerte sind in diesem Fall Angaben zu Werten von spezifischen Zitierhäufigkeiten innerhalb bestimmter Intervalle wie Zeitreihen (typisch sind dabei natürlich Jahreszahlbereiche) oder Werkeinheiten (wie Zeitschriften, Reihenpublikationen, inhaltlich zusammengehörige Journale oder auch verlagsspezifische Publikationen).
43 *Bibliometrie* engl. *Bibliometrics*; *Szientometrie* engl. *Scientometrics*.
44 Garfield selbst beschreibt den *Impact-Factor* wie folgt:
„The JCR [Journal Citation Report] provides quantitative tools for ranking, evaluating, categorizing, and comparing journals. The impact factor is one of these; it is a measure of the frequency with which the ‚average article' in a journal has been cited in a particular year or period. The annual JCR impact factor is a ratio between citations and recent citable items published. Thus, the impact factor of a journal is calculated by dividing the number of current year citations to the source items published in that journal during the previous two years." (Garfield 1994b, S. 3).
Als Berechnungsbeispiel führt Garfield (vgl. ebda.) Folgendes an:
A = total cites in 1992,
B = 1992 cites to articles published in 1990–91 (this is a subset of A),
C = number of articles published in 1990–91,
D = B/C = 1992 impact factor.

Kennzahlen, die aufgrund von Eintragungen der *Citation Indexes* ermittelt und angegeben werden, sind u. a. der *Obsolescence Indicator* (manchmal auch als sog. *Cited half-life* angegeben) oder *Impact Ratios*.[45]

Eine innerhalb der *bibliometrischen Verfahren* häufig anzutreffende Methode ist die Auswertung sog. *Ko-Zitierungen*.[46] Die grundlegende Idee, die damit verfolgt wird, ist, jene Werke innerhalb einer Zitierdatenbank zu bestimmen, die aufgrund ihrer Zitierhäufigkeiten zu jenen gehören könnten, die für die weiteren (zeitlich darauffolgenden) wissenschaftlichen Publikationen inhaltlich wesentlich bestimmend waren. Es wird bei diesem Ansatz also angenommen, dass erfolgreiche Publikationen „*Ausgangswerke*" für weitere („*Folgewerke*") sind. Die konkrete statistische Auswertung ko-zitierter Werke wird in der vorliegenden Literatur in durchaus unterschiedlichen Ansätzen[47] referiert (vgl. Baeza-Yates & Ribeiro-Neto 1999, S. 276):

- Ein häufig vorkommender Ansatz ist, zwei Werke zu bestimmen, die (unter Berücksichtigung eines bestimmten Häufigkeitswertes) gleichzeitig (gemeinsam) in einem dritten Werk zitiert werden.
- Daneben findet sich der Ansatz, Werk-Paare zu bestimmen, in denen (wiederum unter Berücksichtigung eines bestimmten Häufigkeitswertes) gleichzeitig ein gemeinsames, drittes Werk zitiert wird.[48]

Die Ergebnisse von Ko-Zitieranalysen werden aufgrund des großen sich ergebenden Datenmaterials für eine weitere Analyse bzw. Interpretation sinnvollerweise graphisch[49] visualisiert. Die sich aus dieser Vorgehensweise ergebenden Formen

---

Eine Kennzahl die vom *Impact-Factor* in weiterer Form abgeleitet wird (wenngleich man bedenken muss, dass diese Kennzahl gegenüber dem *Impact-Factor* nicht sehr verbreitet ist), ist die *Expected Citation Rate* (ECR): „The ECR is the average citation frequency for a specific item type (article, review, note, abstract, letter, discovery account, etc.) in a specific journal during a specific database year." (vgl. Garfield 1994a).

45  Eine Beschreibung dieser Typen statistischer Kennzahlen findet sich zusammenfassend in Garfield (1994a).
46  Die *Ko-Zitierung* bzw. das *Ko-Zitieren* engl. *Co-citation* bzw. *Co-citing*.
47  „Ansatz" hier im Sinn einer möglichen Interpretation bzw. einer konkreten Umsetzung der Methode des Ko-Zitierens.
48  Ein ganz ähnlicher Ansatz wird bei der Auswertung voneinander abhängiger (verlinkter) Web-Seiten (mit wissenschaftlich relevanten Inhalten) vertreten: Die gegenseitige, mehrfache Verlinkung wird nach Häufigkeitswerten und im Sinne einer *Ko-Verlinkung* gemessen (gezählt im statistischen Sinn). Man spricht in diesem Fall von *Page-Ranking*.
Dabei werden häufig zwei Sorten von Web-Seiten voneinander unterschieden: 1. sog. *Authorities*, deren Verlinkung darauf beruht, weil auf diesen inhaltlich wertvolle Themen aufbereitet sind, sodass diese auf anderen Seiten „zitiert" werden, sowie 2. sog. *Hubs*, die selbst kaum Inhalte vermitteln, dafür jedoch (umfangreiche) Link-Verzeichnisse darstellen und aus diesem Grund auf anderen Seiten „zitiert" werden. Zur Definition und Verwendung von *Authorities* und *Hubs* siehe vor allem Kleinberg (1998).
49  Graphisch meint in diesem Zusammenhang meist konkret „graphentheoretisch" im mathematischen Sinn.

## 2 Kriterien des Zitierens

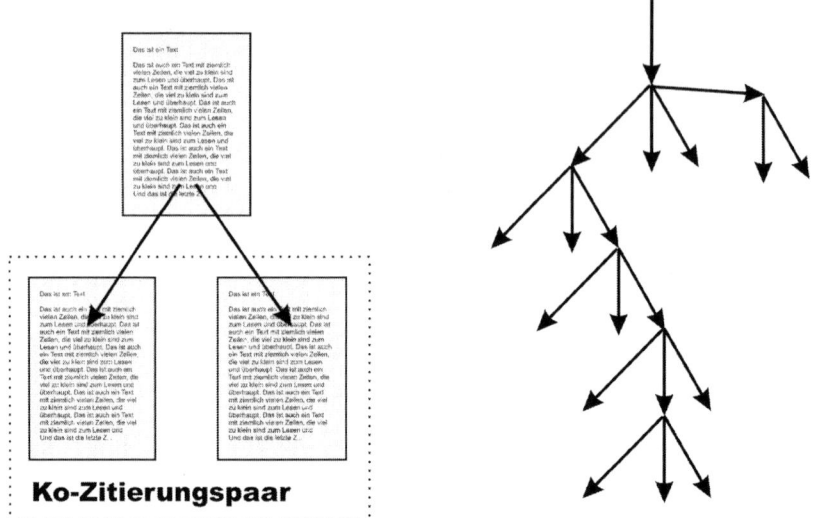

**Abb. 2.1:** Vereinfachte Darstellung der sich aus der Ko-Zitierung ergebenden Baumstruktur.

sind typischerweise baumartige Strukturen (siehe *Abb. 2.1*), die von einem Zentrum (einem Kern) ausgehend „Verästelungen" (Verzweigungen) darstellen.[50]

Im Kern solcher Darstellungen finden sich die zentralen Werke, die aufgrund ihres zeitlichen Erscheinens und ihrer relativen Zitierhäufigkeit als Ausgangswerke für weitere wissenschaftliche Publikationen gesehen (interpretiert) werden. Eine große Anzahl davon abgeleiteter Werke, die wiederum Fortsetzung durch Ko-Zitierung[51] gefunden haben, wird in der Analyse als ein inhaltlich zusammengehöriges Forschungsfeld interpretiert. In diesem Zusammenhang werden Forschungsfelder auch als sog. „Forschungsfronten"[52] bezeichnet. Die Anzahl der Äste (= Zahl der ko-zitierten oder ko-zitierenden Werke) bezeichnet dabei das Maß der sog. „Frontgröße". Die Kritik solcher Berechnungsverfahren richtet sich im Wesentlichen gegen folgende Umstände:

- Nicht alle für ein bestimmtes Wissenschaftsgebiet repräsentativen Artikel sind durch Zitationsdatenbanken erfasst (vgl. dazu z. B. Mattern (2002), der für das Fach Informatik deutlich zeigen konnte, welche mitunter eigenartigen Auswirkungen dieser Umstand auf die spezifische Sichtweise von Evaluationsverfahren durch die Auswertung von Zitationsdatenbanken haben kann).

---

50   Eine Auswahl an weiteren gelungenen Abbildungen zu Visualisierungsmodellen von Ko-Zitieranalysen findet sich im Anhang.
51   Wiederum unter Berücksichtigung ihrer Zitierhäufigkeiten.
52   Als Metapher bezogen auf eine (meteorologische) Landkarte. Der Begriff der „Front" wird also nicht im Militärischen, sondern im Wetterkundlichen verstanden.

## 2.2 Zitieranalyse und Zitationsdatenbanken

- Zitationsdatenbanken weisen überwiegend Zeitschriftenartikel nach. Monographisch erschienene Werke oder Beiträge in Sammelbänden sind nicht oder nur rudimentär erfasst. Dieser Umstand bedingt ein deutlich verzerrtes Bild von Zitierhäufigkeiten, wenn diese für jene Wissenschaftsfelder ermittelt werden, deren Mitglieder sich eher an Publikationen in Buchform orientieren bzw. überwiegend Werke in Buchform publizieren.
- Bestimmte bibliometrische Kennzahlen wurden aufgrund mathematischer[53] oder wirtschaftlicher (ökonomischer), aber nicht wissenschaftstheoretischer Interessen entwickelt[54], und können den Eindruck erwecken, dass das verrechnete „Zahlenmaterial", aber nicht die eigentlichen Inhalte das hauptsächliche, konkrete Interesse der mathematischen Auswertungen sind.
- Die Auswertung der Zitierhäufigkeiten bezieht sich immer ausschließlich auf die in den entsprechenden Datenbanken beinhalteten Zeitschriften. Aus diesem Grund ist der Eindruck, der sich aus den ermittelten Zahlen ergibt, auch stets in Hinblick auf die enthaltenen Werke zu hinterfragen. In vielen Fachgebieten lässt sich durch die Ermittlung der Zitierhäufigkeiten nicht das reale, im Forschungsfeld tatsächlich vorhandene Bild ermitteln, da aufgrund von Sprach- oder Kulturgrenzen manche Fachgebiete nur rudimentär in den ausgewerteten Datenbanken enthalten sind.
Bezogen auf den deutschsprachigen Raum ist ein gutes Beispiel zur Veranschaulichung dieser Problematik das Fachgebiet Psychologie, das bezogen auf die naturwissenschaftlichen Methoden und Ansätze relativ gut in den Zitationsdatenbanken von Thomson Reuters abgebildet ist. Der nicht naturwissenschaftlich orientierte und überwiegend deutschsprachige Anteil der Psychologie ist hingegen eher in den Datenbanken von Elsevier mit den zugehörigen Zeitschriftenbeständen vertreten und entsprechend ausgewertet. Die Herstellung einer geeigneten Vereinigungsmenge zur Durchführung einer Gesamtverrechnung von Zitierhäufigkeiten ist dabei sehr schwierig bzw. nicht eindeutig auflösbar.
- Die Abbildung der Daten wissenschaftlicher Publikationen entspricht nicht der wissenschaftlichen Realität (dem wissenschaftlichen Alltag): Forschungsförderer bzw. -finanzierer werden mitunter in Gegenleistung als Autoren geführt (*Ehrenautorenschaft*), wenngleich die wissenschaftliche Arbeit von anderen (ev.

---

53 Also eher nach dem Motto: „Verrechnet wird, was (leicht) verrechnet werden kann." (Zitationsdaten sind relativ umfangreich verfügbar.) Gerhard Fröhlich (vgl. Fröhlich 1999) z. B. nannte diesen Umstand „Das Messen des leicht Meßbaren".
Relevant scheint mir in diesem Zusammenhang auch darauf hinzuweisen, dass die Beschäftigung mit den Ansätzen, Methoden und Theorien der Szientometrie und Bibliometrie seit den 70er-Jahren des 20. Jahrhunderts eine fast ausschließlich mathematische ist.
54 Deutlich kommt dieser Umstand zutage, wenn man bedenkt, dass eine Kennzahl wie z. B. der *Impact-Factor* von Garfield (vgl. z. B. Garfield 1994b) vorgeschlagen wurde, der gleichzeitig Teilhaber und Mitbegründer der entsprechend ausgewerteten Zitationsdatenbanken bzw. der geschäftlich beteiligt an der betreibenden Firma (ISI, Institute for Scientific Information, jetzt Teil von Clarivate) ist.

ihren Mitarbeitern) getätigt wird, deren eigene Leistung damit (nach den herkömmlichen statistischen Methoden der Szientometrik) nicht erfassbar ist;[55] wissenschaftliche Beiträge werden zur Publikation innerhalb bestimmter Zeitschriften nur angenommen, wenn innerhalb der Autorennamen die Namen bestimmter (verlässlicher, aber natürlich auch „verkaufswirksamer") Personen vorkommen, deren Publikations- und Zitations-Häufigkeitswerte innerhalb bestimmter Zeitabschnitte damit automatisch durch die eigentliche Leistung anderer stetig vergrößert werden.[56]

- Bei der Auswertung der Zitationsdatenbanken wird nicht darauf Rücksicht genommen, dass diese *Selbstzitate* in gleicher Form wie *Fremdzitate* ausweist. Aus diesem Grund ergibt die Auswertung auch nicht, ob mit einer großen Zitierate auch ein großes wissenschaftliches Echo in den ausgewerteten Publikationen abgebildet wird – oder ob ein bestimmter Autor (geschickt) eine größere Anzahl an (kleineren) Publikationen veröffentlicht hat, in denen er selbst auf seine parallel erschienenen (eigenen) Werke hinweist (= sich häufig selbst zitiert).
- Namenseinträge werden in Zitationsdatenbanken nicht personenbezogen eindeutig abgebildet.[57] Das heißt, dass Namensgleichheiten zu nicht messbaren bzw. verhinderbaren oder nachvollziehbaren Verzerrungen in den statistischen Auswertungen der bibliometrischen Analyse führen. Mattern (2002) konnte so z. B. für die Informatik im deutschsprachigen Raum zeigen, dass mehrere gleichnamige Wissenschaftler in den einschlägigen Zitationsdatenbanken verzeichnet sind, die alle zum gleichen Thema arbeiten, sodass diese bei der Auswertung der Datenbanken nicht mehr voneinander unterscheidbar sind und somit (fälschlicherweise) dieselben Zitierraten aufweisen.
- Wesentlich für die Aufnahme eines Autorennamens in die wichtigen, rein kommerziell ausgerichteten Zitationsdatenbanken ist die sog. *Erstautorenschaft*. Da-

---

[55] Der Umstand bzw. die Funktion der Ehrenautorenschaft (engl. *gift authorship*) ist innerhalb einiger wissenschaftlicher Institutionen geregelt. So publiziert die *Deutsche Forschungsgemeinschaft* (*DFG*) laufend entsprechende Vorschläge. Als „Empfehlung 16" findet sich Entsprechendes zur Selbstkontrolle in der Wissenschaft unter http://www.dfg.de/.
Auch die *ETH*-Zürich (Eidgenössische Technische Hochschule Zürich) und viele weitere wissenschaftliche Einrichtungen veröffentlichen (Verhaltens-)Kodizes, die mehr oder weniger streng regeln, wie mit diesem „Umstand" – bei gleichzeitiger Nichtdiskriminierung oder einfach Benachteiligung anderer – umgegangen werden soll.

[56] Vgl. dazu auch den Abschnitt „wie man verhindert, dass man von seinem Professor ausgenutzt wird" in Eco (vgl. 1993, S. 59–62). Die „verkaufswirksame" Person ist zugleich in den meisten Fällen die im Werk erstgenannte Person und somit gleichzeitig auch jene, deren Name Aufnahme in die Zitierdatenbanken findet.

[57] Im Gegensatz z. B. zu Bibliothekskatalogen, bei deren Erstellung *Normdatenbanken* zu Personennamen eingebunden werden, in denen jeder Personennameneintrag eine bestimmte Person ausweist und mit einem eindeutigen Schlüssel versehen ist. Beispiele solcher Personennamennormdatenbanken sind das *Authority-File „Names"* der *Library of Congress* sowie die *PND* (*Personennamendatei*) der *Deutschen Bibliothek* (*DNB*). Mittlerweile sind sämtliche Normdatenbanken der *DNB* zu einer *Gemeinsamen Normdatenbank* (*GND*) zusammengefasst worden.

mit wird jener Autorennamen bezeichnet, der in der am Werk angegebenen Reihenfolge zuerst genannt wird. Die Position des Erstgenannten ist deshalb wichtig, da bestimmte Einträge in den Zitationsdatenbanken allein diesen Namen repräsentieren und entsprechend auch nur dieser in weiterer Folge ausgewertet werden kann. In einigen *Autorenkollektiven* bzw. (Klein-)Gruppen von Autoren ist es durchaus üblich, auf den gemeinsamen Publikationen immer in der gleichen (mitunter alphabetischen) Reihenfolge genannt zu werden. Dieser Umstand führt allerdings dazu, dass in einem solchen Fall eine sinnvolle statistische Auswertung wissenschaftlicher Zitierhäufigkeiten bzw. Zitierabhängigkeiten bezogen auf den konkreten Urheber des publizierten Wissens nicht möglich ist.
- Mit der Aufnahme in einen Zitationsindex wird nicht belegt, ob ein bestimmtes Werk zustimmend oder ablehnend zitiert wurde. Aus diesem Grund lässt sich auch nicht ableiten, ob zunehmende Zitierhäufigkeit auf ein großes positives, zustimmendes oder auf ein deutlich abweisendes Echo hindeutet.
- Der Erfolg wissenschaftlicher Arbeiten zeigt sich deutlich zeitverzögert: Die allermeisten Einträge (über 50%) der Zitationsdatenbanken stehen für Arbeiten, die ausschließlich ein Mal zitiert wurden. Typischerweise erreichen bedeutende wissenschaftliche Arbeiten die höchsten Zitierraten nach mehr als fünf Jahren (vgl. Marx 2001).
- Mit der Ermittlung von Zitierhäufigkeiten werden nur in den wenigsten Fällen Werke bzw. Autoren erfasst, die innerhalb bestimmter Wissenschaftsdisziplinen besonders oder wenig erfolgreich sind. Vielmehr wird dabei der Umstand ermittelt und nachgemessen, dass Wissenschaft innerhalb sozialer Gefüge funktioniert, in denen Menschen miteinander arbeiten – und sich dann besonders wahrnehmen, wenn sie sich kennen bzw. schätzen gelernt haben.[58]

---

58 In diesem Zusammenhang wird vielfach vom Begriff des „Zitierkartells" gesprochen. Damit sind Personen gemeint, die aufgrund bestimmter Umstände des „sozialen Lebens" (das natürlich in unterschiedlichsten Ausprägungen wie Freundschaft, Bekanntschaft, Kollegenschaft etc. beschrieben werden kann) stets die gleiche Gruppe an Personen zitieren.

# 3 Beispiele gängiger Zitierformen

Vor allem der Umstand, dass Publikationen in voneinander sehr verschiedenen Formen vorliegen können, führt dazu, dass auch die Anzahl der voneinander verschiedenen Zitierformen (zumindest theoretisch) sehr groß ist – und damit auch ziemlich unübersichtlich sein kann. Um also an dieser Stelle nicht mehr Unübersichtlichkeit zu produzieren als unbedingt notwendig, sind die im Folgenden angeführten Beispiele reduziert auf das (mir) Wesentliche bzw. Notwendige.[59]

## 3.1 Begriffsklärung: Werkformen

Die Art der Kennzeichnung von zitierten Werken – bzw. deren konkrete Ausprägung innerhalb der Quellenangaben im Text und im Literaturverzeichnis – ist im Wesentlichen davon abhängig, um welche Werkform es sich dabei handelt.

Grundlegend wird im Ansatz, der hier referiert wird, in einem ersten Schritt zwischen „selbstständig erschienenen Werken" und „nicht selbstständig erschienenen Werken" unterschieden.

Alle weiteren, nachfolgenden Aufzählungen sind im Grunde *Varianten* dieser beiden spezifischen Ausprägungen und verhalten sich mit leichten Einschränkungen gleich.

- *Selbstständig erschienenes Werk*: darunter versteht man ein Werk (typischerweise einen Text, den man umgangssprachlich in der klassischen Form wohl einfach als „Buch" oder *Monographie* bezeichnet – unabhängig davon, in welcher spezifischen *Form* es erschienen ist[60]), das von einem oder mehreren Autoren verfasst

---

59 Weitere, wesentlich umfangreichere und detailgenauere Beispiele finden sich ohnehin in der hier zitierten Literatur wie z. B. in Winkler & McCuen (1994) oder Gibaldi (2016).
60 Zeitgemäß werden immer häufiger (selbstständig erschienene) Werke nicht in der klassischen Buchdruckform, sondern zudem in einer elektronisch gespeicherten Form publiziert. Beispiele dafür sind u. a. sog. *E-Books* (in mitunter unterschiedlichen Datenformaten), *Books on demand*, die online verfügbar gehalten und nur bei Bedarf in Form einer Lizenz gedruckt oder elektronisch verbreitet werden, oder auch einfach *Online-Publikationen* als Ergänzung, Erweiterung oder auch Ersatz der gedruckten Form. Betroffen von solchen erweiterten Erscheinungsformen sind überwiegend *Zeitschriftenartikel* und (technische) *Reports* (diese zählen

("geschrieben") wurde. Selbstständig erschienene Werke werden üblicherweise in Bibliothekskatalogen und -verzeichnissen ausgewiesen,
- *Nicht selbstständig erschienenes Werk*: meint in der Regel ein Werk, das innerhalb eines anderen publiziert wurde und somit Teil eines anderen ist. Dazu zählen vor allem *Zeitschriftenartikel*, *Beiträge in Aufsatzsammlungen* (Aufsätze), *Beiträge in Anthologien*, *Kongressberichte*, Aufsätze innerhalb von *Festschriften*, *Zeitungsartikel* oder auch Teile von *Sammelbänden*.

Neben diesen Fällen sind aber auch Werke beobachtbar, die nicht Teil eines „größeren Ganzen" sind und trotzdem nicht selbstständig erschienen sind. Dazu zählen vor allem die sog. *Herausgeberwerke*, die von einem oder mehreren Autoren verfasst, jedoch von einem oder mehreren Herausgebern (editiert und) publiziert wurden.[61]

Nicht selbstständig erschienene Werke werden nicht immer in Bibliothekskatalogen und -verzeichnissen nachgewiesen. Diese sind typischerweise in vielen der hier aufgezählten Fällen nur über den Gesamttitel (= Titel der Zeitschrift, des Sammelbandes, der Anthologie, des Kongresses usw.) erschließbar. Bibliographien hingegen weisen zudem auch nicht selbstständig erschienene Werke aus.

Die folgenden *Varianten* erfordern – den o. g. Kriterien des Zitierens in wissenschaftlichen Arbeiten entsprechend – üblicherweise eigene Zusatzangaben und sind dementsprechend durch diese formal gekennzeichnet. Bei der Kennzeichnung von Varianten ist zu beachten, dass diese im Grunde nur zu erfolgen hat, wenn eine Varianz auch tatsächlich vorliegt. Das heißt, dass z. B. die Auflagenzahl nur dann angeführt wird, wenn diese nicht ohnehin der ersten Auflage[62] entspricht bzw. dass der Zusatz der Online-Publikation auch nur dann angegeben wird, wenn eine entsprechende Publikation vorliegt (und ev. auch verwendet wurde).

Literaturangaben zu Werken, die in der einfachsten Form (ohne besondere Kennzeichnung) wiedergegeben werden, entsprechen in diesem Sinne der *Normalform*.[63]

---

in den meisten Fällen jedoch aufgrund ihrer Erscheinungsweise zu den nicht selbstständig erschienenen Werken).

61 Wichtig ist an dieser Stelle, darauf hinzuweisen, dass vor allem im deutschsprachigen Raum *Autorenkataloge* (= *Alphabetische Kataloge*, *Nominalkataloge*) in Bibliotheken sog. *Herausgeberwerke* oftmals nicht unter dem Namen des Herausgebers, sondern diesen (mitunter ausschließlich) unter dem Titel verzeichnen (vgl. dazu auch Jele 2003, S. 48–50).

62 Die Auflagenzahl wird bei einer ersten Auflage nicht in jedem Fall durch den Verlag ausgezeichnet. Ist diese jedoch ausgewiesen und an prominenter Stelle im Werk vermerkt (auf der Haupttitelseite oder im Kolophon), so kann diese u. U. (sinnvollerweise) mit in die bibliographischen Angaben aufgenommen werden.

63 Das ist jene Form, die ohne (besondere, notierte) Zusatzangaben auskommt. Man könnte sie auch als die „nicht notierte (Normal-)Form" bezeichnen.

*Anonymes Werk:* Ist zu einem Werk weder ein Autor noch ein Herausgeber als Urheber genannt, spricht man von einem anonymen Werk. Dieses wird üblicherweise unter seinem Titel im Literaturverzeichnis alphabetisch eingereiht.
Kann hingegen ein Autor oder Herausgeber über andere Quellen sicher nachgewiesen werden, so wird dieser dem Titel entsprechend einem Autoren- oder Herausgeberwerk hinzugefügt – und in weiterer Folge wie ein solches behandelt.

*Anthologie:* Eine ~ ist eine ausgewählte Sammlung (Zusammenstellung) von Einzelbeiträgen. Typisch für literarische Gattungen: Gedichtanthologien, Anthologien der zeitgenössischen deutschen Literatur etc. zählen vor allem dazu.

*Auflagenwerk:* (Werk in unterschiedlicher Auflage). Erscheint ein bereits publiziertes Werk neu, so wird dieser Umstand oftmals zum Anlass genommen, dieses zu überarbeiten, festgestellte Fehler zu korrigieren, Teile zu erweitern oder hinzuzufügen (= zu aktualisieren) oder das Werk gänzlich neu zu gestalten. Da mit diesem Umstand einhergeht, dass Inhalte mitunter verändert wurden, sollte in diesem Fall der Auflagenstand – sowie das Vorliegen einer Überarbeitung (Erweiterung) – gekennzeichnet werden. Ungekennzeichnet bleibt üblicherweise ausschließlich die erste Auflage. Unterschieden werden davon Werke, die im → *Nachdruck* erschienen sind.

*Aufsatzsammlung:* Werden einzelne Artikel, Aufsätze, Beiträge o. Ä. zu einem Werk zusammengefasst, spricht man allgemein von einer Aufsatzsammlung. Die Anordnung bzw. die Kriterien der Zusammenfassung der Einzelbeiträge zu einem zusammenhängenden Werk unterliegen dabei keinen Einschränkungen. Typischerweise sind Aufsatzsammlungen thematisch gegliedert (s. a. → *Nicht selbstständig erschienenes Werk*).

*Autorenwerk:* (Werk, das von einem oder mehreren Autoren publiziert wurde). Dies stellt für die formalen Ausprägungen des Literaturnachweises den „einfachsten Fall" dar. In der Quellenangabe werden üblicherweise bis zu drei Autorennamen in der am Werk angegebenen Reihenfolge angeführt. Auslassungen werden durch einen entsprechenden Hinweis gekennzeichnet.[64] Autorennamen (Vor- und Familiennamen) werden nach den gängigen Anleitungen ausgeschrieben. Abkürzungen sind bei Doppel- oder Mehrfachnamen häufiger anzutreffen.[65]

---

64 Auslassungen weiterer Autorennamen werden im Deutschen durch Hinzufügung der Abkürzung *u. a.* (und andere) zum erstgenannten Autorennamen gekennzeichnet. Siehe dazu auch im Abkürzungsverzeichnis die Verweise auf die häufig verwendete lateinische Form *et al.*

65 An dieser Stelle muss ich darauf hinweisen, dass die Schreibung von Namen verschiedenen (sprach- bzw. länderabhängigen) Konventionen gehorcht – und vor allem bei Unkenntnis der entsprechenden Landessprache nur schwierig in „der richtigen Form" wiedergegeben werden kann. Davon betroffen sind z. B. sog. *Adelstitel* oder *Adelsprädikate*, Teile von *Flurnamen* u. Ä., die sowohl in Familien- als auch in Vornamen enthalten sein können und die je nach Landesgebrauch bei der Aufzählung berücksichtigt oder vernachlässigt werden. Beispiele

Autorenwerke sind in ihrer Erscheinungsform üblicherweise sog. *Monographien*. Neben der Bezeichnung *Autorenwerk* ist der Begriff *Verfasserwerk* in gleicher Verwendung.

*Diplomarbeit, Dissertation:* Nicht in allen Staaten/Ländern unterliegen Diplomarbeiten und Dissertationen der Publikationspflicht. Aus diesem Grund kann man nicht davon ausgehen, dass es jedem Leser möglich ist, Diplomarbeiten und Dissertation in einfacher Art und Weise (z. B. über den Buchhandel) zu beziehen. Die Angaben bzw. der Hinweis, dass es sich bei einem vorliegenden Werk um eine spezifische *Hochschulschrift* handelt, ermöglicht die Bestellung dieser bei der entsprechenden Universität/Hochschule zum Erwerb oder zur Ausleihe (über die Fernleihabteilungen der örtlichen Bibliotheken).

*Elektronische Publikation:* Eine ~ ist neben der → *Online-Publikation* eine der am häufigsten vorkommenden Publikationsformen von Werken/Medien in der sog. *Nicht-Buch-Form*.[66] Beispiele sind Werke auf elektronisch lesbaren Datenträgern wie CD-ROM, DVD aber auch (wenngleich zunehmend seltener) auf Diskette oder einem USB-Stick.

*Festschrift:* Bezeichnet eine Werkausgabe, die zu Ehren einer (zu feiernden) Person oder Einrichtung zusammengestellt und/oder publiziert wird. Festschriften tragen häufig den Charakter von Sammelbänden.

*Gesetzestext:* Ein ~ ist erstmals verbindlich für die gesetzgebende Öffentlichkeit und die Gesetze interpretierenden Wissenschaften durch seine Veröffentlichung in den (Bundes-)Gesetzblättern. Sie werden – neben ihrem Veröffentlichungstitel

---

dazu sind Namen wie „Anton auf der Mauer" oder „Oskar Van Veeteren" sowie die v. a. im Schottischen vorkommenden Namensteile „Mc" und „Mac" in Namen wie „McMillan" oder „MacIntosh", deren Sortierung – abhängig von den üblichen Sortierkriterien – in unterschiedlicher Weise erfolgen kann:
*auf der Mauer, Anton* vs. *Mauer, Anton auf der*
*Van Veeteren, Oskar* vs. *Veeteren, Oskar Van*
*McMillan, Thomas* vs. *Millan, Thomas Mc*
*MacIntosh, Robert* vs. *Intosh, Robert Mac*
Eine genaue Behandlung dieses Problems findet sich in normierter Form innerhalb der DIN 5007 (in zwei Teilen) beschrieben.
Zudem ist zu berücksichtigen, dass für die *Transliteration* („Umschreibung") in lateinische Buchstaben verschiedene Möglichkeiten bestehen, die – abhängig vom Usus – berücksichtigt werden müssen (vgl. Gibaldi 2016, S. 94–102). Werden z. B. Werke einer Person mit dem Namen Чайко́вский, Пётр Ильи́ч sowohl in (übersetzter) deutscher als auch in englischer Sprache verwendet, so findet sich dieser Name im Literaturverzeichnis (möglicherweise) in den transliterierten Formen „Tschaikowsky, Peter Iljitsch" oder „Čajkovskij, Pëtr Il'ič" für ein Werk in deutscher Sprache wie auch „Tchaikovsky, Peter Illitsch" in englischer Sprache.
Eine weitere, häufig anzutreffende Form der Bildung des Familiennamens ist, dass der Familienname sich aus dem Vornamen der Eltern (häufig des Vaters) ableitet – und als solcher mitunter schwer erkennbar sein kann.

66 In diesem Zusammenhang wird oftmals auch von sog. *Nicht-Buch-Medien* (*NBM*) gesprochen.

– nach deren Zählordnungen zitiert. Parallel existieren zu den Gesetzen deren einschlägige Interpretationen (oftmals in sog. „Kodizes"[67] in kommentierter Form) bzw. die entsprechenden, publizierten Durchführungsverordnungen der Ministerien.

*Herausgeberwerk:* → *Nicht selbstständig erschienenes Werk.*

*Hochschulschrift:* Eine ~ ist eine übliche, zusammenfassende Bezeichnung für → *Diplomarbeit, Masterarbeit, Dissertation* und *Habilitation*. Im Gegensatz zur „publizierten Hochschulschrift" sind diese – länderabhängig – nicht in allen Fällen über den Buchhandel direkt erhältlich.

*Kongressbericht:* Ein ~ stellt die gedruckte Zusammenfassung der eingereichten bzw. (rechtzeitig) abgelieferten, schriftlichen Fassungen der Tagungsbeiträge dar. Kongressberichte erscheinen mitunter regelmäßig, in der Form von Periodika.

*Körperschaftswerk:* Ein ~ ist ein Werk, dessen Urheberschaft (in der Eigenschaft eines Autors oder Herausgebers) nicht auf einen publizierenden Autor oder einen editierenden Herausgeber hinweist, sondern eine Institution, Behörde, Vereinigung oder Firma (u. dgl.) angeführt wird, die seine Urheberschaft trägt.[68]

*Lizenzausgabe:* Nachdruck eines Werkes durch einen Verlag, der nicht der primäre Inhaber an den Druckrechten ist. Typisch für Lizenzausgaben ist beispielsweise die Produktion von sog. Buchgemeinschaften, aber auch der Druck einer Taschenbuchausgabe, die nicht der Originalausgabe entspricht. Problematisch können Lizenzausgaben im wissenschaftlichen Arbeiten sein, wenn diese nicht wörtlich nachgedruckt wurden, sondern ungekennzeichnete Auslassungen beinhalten, die dem Rezipienten nicht auffallen (können).

*Mehrbändiges Werk:* Ein ~ ist ein zusammengehöriges, sich ergänzendes Werk, dessen Gesamtinhalt (z. B. aufgrund des großen Umfangs, der Bearbeitungsreihenfolge oder der systematischen Gliederung) aufgeteilt in mehreren Bänden erschienen ist. Eine Besonderheit mehrbändiger Werke ist, dass das Gesamtwerk sowie die einzelnen Bände eigene (und mitunter voneinander unabhängige) Titel tragen können. Beide – der Gesamttitel wie der spezifische Bandtitel – werden bei der Angabe der bibliographischen Daten innerhalb der Quellenangabe im Literaturverzeichnis üblicherweise berücksichtigt.

*Monographie:* → *Autorenwerk.*

---

67 Herausgegeben, kommentiert bzw. bearbeitet in unterschiedlichsten Erscheinungsformen (z. B. Online-Datenbanken oder aber auch jährlich erscheinende Druckwerke) von einschlägigen Rechtsexperten. In der Singularform des Wortes als „Kodex" bezeichnet.
68 So ist im hier geführten Fall z. B. die APA (*American Psychological Association*) zu nennen, die die Urheberschaft für ihr „Publication Manual" trägt (vgl. American Psychological Association 2001).

*Nachdruck:* Bezeichnet ein Werk, das zu einem späteren Zeitpunkt in einem bestimmten Auflagenstand neu gedruckt wird. Dabei wird in einigen Fällen darauf Rücksicht genommen, das Werk auch drucktechnisch gleich wiederherzustellen. Davon verschieden kann ein sog. → *Reprint* sein.

*Nicht selbstständig erschienenes Werk:* Beschreibung siehe oberhalb der alphabetischen Reihung auf *Seite 30*.

*Online-Publikation:* Diese erscheint meist parallel zur gedruckten Form oder ersetzt diese gänzlich. Sie ist aus dem Grund der leichteren Korrigierbarkeit bzw. der einfachen Erweiterbarkeit und Aktualisierbarkeit – wenn vorhanden – bei der Wiedergabe der bibliographischen Angaben zu berücksichtigen. Wesentlich für die korrekte Angabe der Quelle ist dabei die Versionsnummer bzw. das Publikationsdatum, auf das ein entsprechendes Zitat bezogen wird. Als zusätzliche Verweisangabe ist der korrekte elektronische „Pfad" (der stabile Link)[69] anzugeben.

Problematisch – und damit kritisch für das wissenschaftliche Arbeiten – ist natürlich die Dauerhaftigkeit bzw. die zeitliche Dauer der Verfügbarkeit solcher Quellen anzusehen. Sind die zitierten Online-Quellen wesentlich für den Erfolg der eigenen wissenschaftlichen Arbeiten anzusehen, gelten diese darüber hinaus nicht unbedingt zu den häufig referierten und referenzierten Quellen und ist deren Dauerhaftigkeit nicht unmittelbar gewährleistet, so sollten unbedingt Archivquellen (in elektronischer, aber möglicherweise auch in herkömmlicher, auf Papier gedruckter Form) dafür angelegt werden; s. a. *elektronische Publikation*.

*Periodikum:* Bezeichnung für ein (zeitlich) regelmäßig erscheinendes Werk, das typischerweise → *nicht selbstständig erschienene Werke* (z. B. Artikel oder Beiträge) beinhaltet; s. a. *Zeitschriftenartikel*.

Zu den wesentlichen Periodika zählen Zeitschriften, Kongressberichte und ähnliche, davon abgeleitete Formen (z. B. auch Reihenwerke, deren Einzeltitel in regelmäßiger Weise erscheinen).

*Reihenangabe:* Ein Werk, das als Teil einer Reihe erschienen ist, wird unter Beifügung des sog. *Reihentitels* angegeben. Der spezifische Werktitel selbst wird in diesem Fall auch als *Stücktitel* bezeichnet. Die Zusammenfassung mehrerer Werktitel unter einem Reihentitel wird (vom Verleger/Herausgeber) u. a. aus thematischen Gründen getätigt. Die quantitativ überwiegende Anzahl an Reihen sind sog. *thematische Reihen*.[70]

---

69  Bei Publikationen innerhalb des *WWW* der/die sog. *URL* (*Universal Resource Locator*), die *URN*, die *PURL* oder der *DOI*.

70  „Thematisch" hier i. S. v. inhaltlich systematisch zusammengefasst. Vorstellbar sind beispielsweise Reihentitel wie „Die Reihe der zeitgenössischen Frauenliteratur".

*Report:* Technische Berichte, die wissenschaftliche Arbeiten bzw. Teile solcher darstellen, werden oftmals als *Reports* veröffentlicht.[71] Eine besondere Eigenheit solcher *Reports* ist, dass ihnen von der herausgebenden Urheberschaft eine eindeutige *Report-Nummer* zugewiesen und im Weiteren nach dieser zitiert wird. Üblicherweise sind *Reports* in Online-Form unter dieser Nummer publiziert.[72] Diese ist bei der Quellenangabe aus Gründen der einfachen (und im Idealfall eindeutigen) Identifizierung entsprechend mitzuführen.

*Reprint:* Ein ~ ist ein fotomechanisch vervielfältigtes Werk, mit dem versucht wird, dem Original des Werkes in Qualität und Gestaltung durch technische Vervielfältigungsmechanismen[73] in der Kopie nahe zu kommen.
*Reprint-Ausgaben* sind typisch für jene Werke, von denen der Herausgeber/Verlag annimmt, dass eine Neuauflage wirtschaftlich nicht vertretbar ist und aus diesem Grund einzelne Exemplare im *Reprint*-Verfahren verfügbar gemacht werden. „Neudeutsch" wird – sofern ein elektronisches Reprintverfahren herangezogen wird – dabei auch von *On demand*-Produktion gesprochen.

*Sammelband:* → Aufsatzsammlung.

*Selbstständig erschienenes Werk:* Beschreibung siehe wiederum oberhalb der alphabetischen Reihung auf *Seite 29*.

*Übersetzungswerk:* Wird ein Werk nicht in seiner Originalsprache verwendet und zitiert, so wird dieser Umstand in einigen Fällen durch die Nennung des Originaltitels in dessen Sprache (mit lat. Buchstaben transkribiert) sowie durch die Angabe des Übersetzers kenntlich gemacht.
Die Angabe zum Übersetzer kann wesentlich sein, wenn zu einem Werk mehrere Parallelübersetzungen bestehen, deren Verwechslung ausgeschlossen werden soll – oder auch in jenen Fällen, in denen der Übersetzer durch seine Leistung am zitierten Werk eine wesentliche Rolle spielt, auf die hingewiesen werden soll. An literarischen Werken können Übersetzer durchaus so umfänglichen Verdienst erworben haben, dass diese zur Bekanntheit der übersetzten Werke durch ihr „Übersetzertum" nicht unwesentlich beigetragen haben.[74]

---

71 Technische *Reports* werden mitunter als Teile größerer, umfangreicher wissenschaftlicher Arbeiten angesehen und vorab selbstständig publiziert. Dies führt dazu, dass *Reports* – zeitlich deutlich – vor ihrer letztlichen Publikation häufig auf sog. *Pre-Print-Servern* anzutreffen und ihre Ergebnisse bereits dort einsichtig sind. Betroffen davon sind vor allem die technischen Wissenschaften bzw. die Ingenieurwissenschaften.
72 Dieser Umstand äußert sich für den Leser letztlich meist im Namen der Datei der Online-Publikation und kann demnach mit den üblichen Recherchemethoden über diese Nummer leicht recherchiert werden.
73 Im einfachsten Fall sind dies Fotokopien nach dem Xerox-Verfahren – zeitgemäß ist natürlich auch das Scannen und Drucken einer Vorlage in Verwendung.
74 Als ein prominentes, zeitgenössisches Beispiel kann der Übersetzer Harry Rowohlt genannt werden, der in vielen Fällen mit seinen stilgenauen, sehr passenden Übersetzungen bereits

*Zeitschriftenartikel:* Ein ~ stellt die häufigste Form eines → *nicht selbstständig erschienenen Werkes* dar.

*Zeitungsartikel:* Ist ähnlich dem → *Zeitschriftenartikel*, bedarf jedoch aufgrund des häufigen Erscheinens von Zeitungen einer genaueren (möglicherweise einer tagesgenauen) Quellenangabe.

## 3.2 Begriffsklärung: Zitierattribute

Zur Erstellung von Nachweisen zitierter Literatur ist – abhängig vom Grad des verwendeten Formalismus – ein bestimmtes Repertoire an spezifischen, formalen Merkmalen und Attributen notwendig. Diese dienen im Wesentlichen einerseits der Kennzeichnung der übernommenen Werkteile[75] sowie der Art und Weise, wie diese übernommen wurden[76], andererseits der Angabe der Quellen, aus denen die zitierten Inhalte stammen.

Wichtig erscheint mir an dieser Stelle nochmals der Hinweis, dass Zitierweisen sich mehr oder weniger stark in ihrer äußeren Form voneinander unterscheiden; die Wiedergabe der relevanten, übernommenen – und deshalb durch das Zitat nachzuweisenden – Inhalte bleibt im Grunde davon völlig unberührt und erfolgt dementsprechend natürlicherweise stets in gleicher Art und Weise.

Die wichtigsten Attribute (bzw. Begriffe, die damit verknüpft werden), die dabei – unabhängig von der konkreten Zitierweise – verwendet werden, sind:

*Die Anmerkungsnote:* meint die Kennzeichnung bzw. den Hinweis auf eine Fußnote oder Endnote im Text; dementsprechend korrespondiert das Aussehen bzw. die Kennzeichnung der Anmerkungsnote (z. B. durch Zählung) mit den formalen Gestaltungsmerkmalen der → *Fußnote.*

*Formale Hinweise des Zitierenden:* werden üblicherweise typographisch hervorgehoben gesetzt und in das betroffene Zitat direkt eingefügt, diesem voran- oder hintangestellt. Üblich sind Hinweise, die Kommentarcharakter tragen und die Verständlichkeit des wiedergegebenen Textes heben sollen.

---

    übersetzte Werke im deutschen Sprachraum sehr bekannt machte. Nicht einzeln genannt werden hier die Übersetzer der klassischen Literatur, die alle wesentlichen Anteil an der Verbreitung und Wahrnehmung der von ihnen übersetzten Werke haben.
75  Das sind die sog. *Zitatstellen.*
76  Entweder wörtlich im Rahmen eines sog. *wörtlichen Zitates* oder sinngemäß im Fall eines *inhaltlichen Zitates.* Daneben ist das Anbringen von Kennzeichnungen üblich, die darauf hinweisen sollen, ob der übernommene (zitierte) Inhalt vollständig oder mit Auslassungen wiedergegeben ist.

## 3.2 Begriffsklärung: Zitierattribute

> Hier steht der eigentliche Text des aktuellen Kapitels, der am unteren Seitenende durch eine Fußnote ergänzt wird. Die Markierung im Text durch die Anmerkungsnote[1)] kann sich natürlich auf ein Zitat beziehen, dieses ergänzen, kommentieren, beschreiben oder auch völlig wiedergeben.
> 
> Fußnoten werden üblicherweise, wie im unteren Beispiel sichtbar, durch einen waagrechten Trennstrich abgesetzt ...

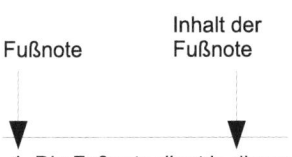

1 Die Fußnote dient in diesem Fall zusätzlichen Anmerkungen. Z.B. folgt der Hinweis auf weiterführende Literatur oder ein Kommentar des Autors. Möglich ist natürlich auch, das gesamte Zitat (ev. in der Originalsprache bei Übersetzungswerken) in die Fußnote zu stellen, um den eigenen Text davon „frei" zu halten

**Abb. 3.1:** Das Setzen von Fußnoten.

Dazu zählen vor allem:

- *Hinweise auf die korrekte Zitierweise.* Diese werden eingefügt, wenn eine (möglicherweise fehlerhafte) Textstelle wörtlich wiedergegeben wird und aus der Art der Wiedergabe nicht ersichtlich ist, dass dieses Zitat tatsächlich (wörtlich) mit dem Quelltext übereinstimmt.[77] Die Kennzeichnung erfolgt unter Anfügung/Einfügung des Hinweises *[sic!]*,[78]
- *Hinweise auf ausgelassene und ergänzte Textstellen.* Vor allem bei der Wiedergabe längerer Textpassagen können Textkürzungen notwendig erscheinen. Auslassungen (*Ellipsen*) werden an den Stellen, an denen eine Kürzung durchgeführt wurde, typographisch durch den Hinweis [...] gekennzeichnet,
- *Eingeführte Ergänzungen* (*Interpolationen*) des Zitatinhaltes sind in ähnlicher Weise zu kennzeichnen wie Ellipsen durch Markierung der betroffenen Stelle: *„Im Übrigen entsprechen die Regeln der APA [American Psychological Association] an dieser Stelle in ähnlicher Weise wie jene der MLA [The Modern Language Association of America] durch Markierung eines wörtlichen Zitates mit doppelten Anführungszeichen"*,

---

77 Beispielhaft ist hier der Umgang mit Rechtschreibfehlern, stilistischen Unsicherheiten bzw. grammatischen/grammatikalischen Ungereimtheiten zu erwähnen, die im (wörtlichen) Zitat in bestimmten Situationen möglicherweise mit übernommen werden müssen. Dementsprechend meint wörtlich im Grunde oft eigentlich „buchstäblich".
78 Lat. für (*genau*) *so!*

- *Hinweise, Kommentare oder Anmerkungen*, die beispielsweise vom Autor, Redakteur oder Übersetzer direkt in den wiedergegebenen Text eingefügt werden, dienen im Allgemeinen dazu, die Verständlichkeit des eingefügten Zitates zu heben. Sie werden mit der Kennzeichnung, durch wen der Hinweis, Kommentar oder die entsprechende Anmerkung erfolgt ist, in den üblichen Abkürzungsformen an der entsprechenden Stelle eingefügt.[79]

*Die Fußnote:* bezeichnet (genau genommen) die Kennzeichnung einer typographisch abgesetzten Textstelle am Text*fuß*.[80] Oftmals wird jedoch die Fußnote dem Inhalt der Textstelle, die durch eine Fußnote ausgewiesen ist, sprachlich gleichgesetzt; das heißt, die Kennzeichnung als auch der Inhalt sind gleichermaßen gemeint.

Die *Funktion* von Fußnoten ist vielfältig: Einerseits werden diese zur (auch teilweisen) Wiedergabe und zum Nachweis von übernommenen Werkteilen (→ *Zitat*) verwendet. Andererseits werden in Fußnoten Anmerkungen zum eigentlichen Text untergebracht, die dem Autor wichtig und wesentlich erscheinen, um die Verständlichkeit[81] des Textes zu heben. Dabei ist zu beachten, dass das (häufige) Anbringen von Anmerkungen im eigentlichen Text (also nicht in der Fußnote) mitunter den Lesefluss stören kann und damit möglicherweise dessen Lesbarkeit senkt. Um dies zu verhindern, werden Anmerkungen entsprechend häufig in Fußnoten wiedergegeben – ohne den durchlaufenden, stringenten Sprachstil des eigentlichen Textkorpus zu stören.[82]

Die *Kennzeichnung* von Fußnoten geschieht typischerweise durch Zählung in der Form von Zahlen oder typographischen Zeichen; diese korrespondiert zudem mit der → *Anmerkungsnote*.

*Die Quellenangabe:* ist jener Teil des Literaturnachweises, der die Herkunft des Zitates beschreibt. Wichtig ist zu beachten, dass die Form der Quellenangabe mit der Form des Literaturverzeichnisses[83] korrespondiert; das heißt, dass auch anhand der möglicherweise verwendeten Kurzformen innerhalb der Quellenangaben

---

79  Z. B. [Anmerk. der Autorin: mit dem Wort „Sie" ist im vorliegenden Zitat nicht – wie zu vermuten wäre – die *Gesellschaft* im Allgemeinen, sondern vielmehr die konkrete *Person* gemeint.]
80  Dementsprechend bezeichnet die *Endnote* die Kennzeichnung einer Textstelle am Textende.
81  Die Begriffe *Verständlichkeit* und *Lesbarkeit* werden hier in ihrer Bedeutung verwendet, wie sie in Jele (2003, S. 79–81) referiert werden.
82  Zur Funktion und zum (sinnvollen) Einsatz von Fußnoten in wissenschaftlichen Arbeiten s. a. Eco (1993, S. 210–213).
83  Wichtig erscheint mir an dieser Stelle auch, auf die entsprechenden Sortierkriterien des Literaturverzeichnisses hinzuweisen, die den formalen Ausprägungen der Quellenangaben entsprechen müssen: Übliche Kurzformen innerhalb von Quellenangaben werden durch Kombination von Autor- bzw. Titelinformationen mit dem Erscheinungsjahr der betr. Publikationen realisiert. Entsprechend muss das Literaturverzeichnis im betreffenden Fall nach Autorennamen bzw. Titeln und anschließend (in zweiter Ordnung) nach dem Erscheinungsjahr geordnet sein.

## 3.2 Begriffsklärung: Zitierattribute

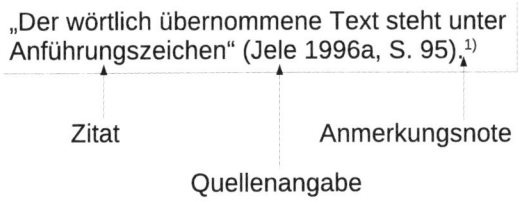

**Abb. 3.2:** Abbildung eines wörtlichen Zitates sowie möglicher, formaler Zitierattribute. Die Darstellung entspricht hier der *Harvard-Methode*.

eindeutig auf die verwendete Literatur (i. S. einer *Quelle*) – die im Literaturverzeichnis angeführt ist – geschlossen können werden muss.

*Die typographische Setzung:* meint die formale Gestaltung eines Textes aufgrund seiner satztechnischen, typographischen Attribute. Die *Funktion* der typographischen Setzung ist die Kennzeichnung besonders hervorzuhebender Textteile[84], mit der vor allem die Lesbarkeit des entsprechenden Textes gehoben werden soll.

Im Wesentlichen gehören dazu die *Randsetzung* (Abstand des Textes vom Seitenrand) sowie zugehörige *Einrückungen*, hängende Zeilen (= *Ausrückungen* gegenüber der Randsetzung bzw. anderen Positionsmarken innerhalb eines Textes), die *Zeilenschaltung* (*Zeilenabstand*; typisch: 1–1,5 x Zeilenhöhe), *Typensetzung* (*Schriftgröße*; typisch: 12 Punkte bezogen auf *TrueType-*, *OpenType-*, *FreeType-* und *Postscript*-Schriftarten, $^{Hoch-}$ bzw. $_{Tief-}$*Stellung*).

Die typographische Setzung wird innerhalb von Textverarbeitungs- bzw. Satzprogrammen durch sog. *Stile* (engl. *Styles*) definiert bzw. abgebildet.[85]

*Das Zitat:* bezeichnet üblicherweise jenen Textteil, der aus anderen Texten übernommen wurde. Vereinzelt werden (hier: „fälschlicherweise") jedoch auch Quellenangaben, die in einem Literaturverzeichnis (Bibliographie) wiedergegeben sind, als Zitat bezeichnet. Genau genommen sollte deren Bezeichnung *bibliographisches Zitat* lauten.

Bezogen auf die Art der Wiedergabe wird zwischen dem sog. *wörtlichen Zitat* und dem *inhaltlichen Zitat*[86] unterschieden.

Beim *wörtlichen Zitat* werden die übernommenen Textteile wortgenau wiedergegeben. Die *Funktion* des wörtlichen Zitats ist, Textwiedergaben im exakt gleichen

---

84  Gemeint sind damit natürlich Textteile wie z. B. Kapitelüberschriften oder Textabschnitte, aber auch Ergebnislisten, diverse Abbildungen und längere (wörtliche) Zitate.
85  Vor allem für das Publizieren in Zeitschriften stellen Verlage mitunter sog. Style-Dateien zur Verfügung, bei deren Verwendung sichergestellt werden soll, dass sämtliche damit erstellten Publikationen typographisch gleich oder zumindest sehr ähnlich gestaltet (gesetzt) sind.
86  Die sinngemäße Wiedergabe von Inhalten in wissenschaftlichen Arbeiten wird auch als *indirektes Zitat* (*indirektes Zitieren*) bezeichnet.

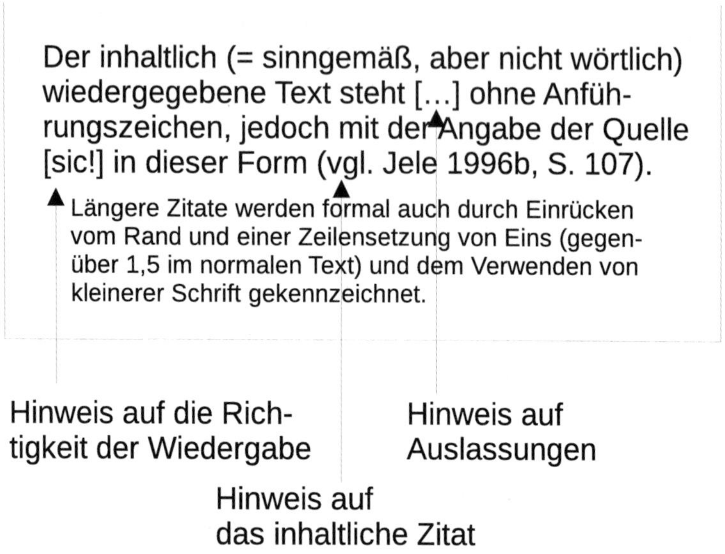

> Der inhaltlich (= sinngemäß, aber nicht wörtlich) wiedergegebene Text steht [...] ohne Anführungszeichen, jedoch mit der Angabe der Quelle [sic!] in dieser Form (vgl. Jele 1996b, S. 107).
>
> Längere Zitate werden formal auch durch Einrücken vom Rand und einer Zeilensetzung von Eins (gegenüber 1,5 im normalen Text) und dem Verwenden von kleinerer Schrift gekennzeichnet.

**Hinweis auf die Richtigkeit der Wiedergabe**

**Hinweis auf Auslassungen**

**Hinweis auf das inhaltliche Zitat**

**Abb. 3.3:** Die sinngemäße Wiedergabe bzw. das inhaltliche Zitat. Die Darstellung entspricht hier der *Harvard-Methode*.

Sprachstil bzw. der exakten Ausdrucksweise (also tatsächlich: „wörtlich") des Urhebers durchzuführen. Diese Vorgehensweise ist besonders in Situationen angebracht, in denen wortgenaues Zitieren notwendig ist und jede sprachliche Abweichung vom Originaltext eventuell unerwünschte Textinterpretationen zulassen würde.[87]

Die angestrebte Genauigkeit im Umgang mit wörtlichen Zitaten hat jedoch in vielen Situationen den Nachteil, dass der wörtlich wiedergegebene Text stilistisch nur schwer mit der einzupassenden Textumgebung harmoniert bzw. einen größeren Erklärungsaufwand[88] erfordert, um nicht gleichzeitig die Verständlichkeit für einen Dritten wesentlich zu mindern. Aus diesem Grund sind in vielen Fällen wörtliche Zitatstellen entsprechend durch Anmerkungen (ev. in → *Fußnoten*) zu kommentieren. Bei der Verwendung wörtlicher Zitate ist zu bedenken, dass *Textwiedergabe* immer auch bedeutet, bestehende Inhalte (mit möglicherweise festen Konnotationen) in neue Kontexte – und damit neue Bedeutungszusammenhänge – zu stellen. Im Einzelfall bleibt somit abzuwägen welche Gegebenheiten bzw. Notwendigkeiten für und welcher Aufwand, welche

---

[87] In Poenicke (vgl. vor allem 1988, S. 130, S. 141 und S. 146) wird der Eindruck vermittelt, dass wörtliche Zitate einer sinngemäßen Wiedergabe von Inhalten vorzuziehen sind. Dieser Eindruck sollte aber nicht täuschen: Sowohl die wörtliche als auch sinngemäße Wiedergabe sind – abhängig von ihrer jeweiligen Funktion – in der konkreten Anwendung sinnvoll einsetzbar.

[88] Bezogen z. B. auf die verwendete Terminologie des zitierten Textes und deren konkrete Bedeutung im vorliegenden Kontext.

Hindernisse oder sich daraus ergebende Nachteile gegen das wörtliche Zitieren sprechen.[89]

Die *Kennzeichnung*[90] wörtlich übernommener Textteile erfolgt durch doppelte Anführungszeichen zu Beginn und am Ende des Zitates. Die Zitattexte werden üblicherweise im Text selbst – oder aber auch vollständig in Fußnoten – wiedergegeben. Letztere Variante erscheint überwiegend dann angebracht, wenn der eigentliche Textkorpus inhaltlich wie strukturell durch das Anbringen der zitierten Texte an Lesbarkeit und der Text als Gesamtes damit an Verständlichkeit verlieren würde. Die Wiedergabe von längeren Zitatstellen im eigentlichen Text wird zudem oftmals durch besondere typographische Kennzeichnungen (z. B. durch Veränderung der Zeilenschaltung, Einrückung und/oder Verkleinerung der Typen) sichtbar gemacht (→ *Typographische Setzung*).

Dementsprechend kommen *inhaltliche, sinngemäße Zitierformen* vorwiegend dann zum Einsatz, wenn eine wörtliche Wiedergabe unmöglich scheint. Neben den bereits genannten Gründen ist zudem zu bedenken, dass im Zitat nicht immer die Verwendung der Originalsprache (= Zitatsprache) möglich ist – sei es, weil von einem Dritten nicht erwartet werden kann, dass dieser mit der vorliegenden Sprache vertraut ist, oder sei es, weil deren konkrete Ausprägungen (sprachlichen Eigenheiten) im betreffenden Text für einen Dritten nicht verständlich sein müssen. In diesem Sinn werden sinngemäß wiedergegebene Inhalte auch als *Paraphrase*[91] (*Paraphrasierung*) bezeichnet.

Die *Funktion* inhaltlicher Zitate ist dementsprechend die sinngemäße Wiedergabe von Inhalten, die sprachlich vom zitierenden Autor an den neuen Kontext angepasst werden. Die primäre Problematik, die sich aus dieser Anpassung ergibt, ist natürlich im Umgang mit den sich neu ergebenden, hinzugefügten Interpretationsspielräumen der nicht wörtlichen Wiedergabe zu sehen. Aus diesem Grund werden in einigen Fällen inhaltliche Zitate verwendet und diese durch die wörtliche Wiedergabe des zitierten Textes (in Fußnoten) belegt und entsprechend kommentiert. Gleichzeitig ist bei der Verwendung inhaltlicher Zitierweisen jedoch vorteilhaft, dass die übernommenen Inhalte sprachlich und

---

89 An dieser Stelle möchte ich (nochmals) besonders auf den Umstand hinweisen, dass die Verwendung wörtlicher bzw. sinngemäßer Zitate – sowie deren Einschätzung – deutlich vom Fach abhängig sein kann, in dem man sich bewegt:
Eine auch nur leichte Umstellung des zitierten Wortlautes kann (z. B. besonders in philologischen oder rechtswissenschaftlichen Fächern) dazu führen, dass der ursprünglich intendierte Sinn sich verändert oder gar ins Gegenteil verkehrt. Aus diesem Grund sollten bei einer solchen Vorgehensweise (nämlich bei nicht-wörtlicher Zitierung) besonders die vorherrschenden Gepflogenheiten der entsprechenden Wissenschaftsdisziplinen beachtet werden.

90 Diese Form der Kennzeichnung bezieht sich hier zwar im Speziellen wiederum auf die sog. Harvard-Methode - bei der in diesem Fall jedoch ohnehin der allgemein übliche Formalismus eingesetzt wird.

91 *Paraphrase* in der Bedeutung, hervorzuhebende Inhalte verdeutlichend zu umschreiben (vgl. dazu auch Eco 1993, S. 206–210 sowie Gibaldi 2016, S. 80).

sprachstilistisch an den neuen Kontext (mitunter auch) relativ einfach angepasst werden können und damit zudem auch die Verständlichkeit des Textes für einen Dritten insgesamt gehoben wird.

Die *Kennzeichnung*[92] inhaltlicher, sinngemäßer Zitate erfolgt im Deutschen[93] durch die Hinzufügung des Hinweises *vgl.* zur Quellenangabe. Sinngemäß wiedergegebene Inhalte werden nicht zwischen (doppelten) Anführungszeichen geführt. Einige Zitiervorschriften[94] sehen vor, auf die Anführung des *vgl.* zu verzichten und sinngemäß wiedergegebene Inhalte allein durch das Weglassen der Anführungszeichen zu kennzeichnen.

Weniger in der einschlägigen Fachliteratur als an verschiedenen Stellen im Internet wird die Meinung vertreten, dass der Zusatz eines Vergleiche-Hinweises bei der Paraphrasierung einer Textstelle, „komplett falsch" sei und ein Zusatz durch ein *vgl.* nur dann Verwendung finden darf, wenn auf etwas völlig Anderes, Gegenteiliges zur vorliegenden Aussage hingewiesen werden soll. Diese Art der Verwendung widerspricht im Grunde jedoch den gängigen Zitierrichtlinien und kann im Moment damit eher zu einer Minderheitsmeinung gezählt werden (vgl. Prexl 2019, S. 79–80).

*Die Zitatstelle:* bezeichnet jene Position eines Zitates innerhalb eines bestimmten Werkes, auf die durch das Zitieren Bezug genommen wird. Verschiedentlich wird unter diesem Begriff nicht die (rein formale) Position eines Zitates verstanden, sondern auch der betreffende Inhalt.

---

92  Diese Form der Kennzeichnung bezieht sich hier zwar im Speziellen auf die sog. Harvard-Methode – bei der in diesem Fall jedoch der allgemein übliche Formalismus eingesetzt wird.
93  Siehe dazu auch die gebräuchlichen lateinischen und englischen Formen im Abkürzungsverzeichnis.
94  Dazu zählen natürlich die beiden im angelsächsischen Raum sehr verbreiteten Vorschriften der *MLA* (*The Modern Language Association of America*) und der *APA* (*American Psychological Association*). Im deutschsprachigen Raum hingegen ist die Anführung des Hinweises *vgl.* sehr verbreitet.
Zudem ist die Funktion des *Vergleich*-Hinweises im angelsächsischen Raum sehr diversifiziert. Üblich und typisch kann beobachtet werden, dass der Hinweis auf sinngemäß zum Vergleich heranzuziehende Literatur (bzw. deren Ergebnisse, Ansätze und Methoden) mit *cf.* (lat. *confer* für engl. *compare*, dt. *vergleiche*) erfolgt. Mit dem Hinweis *see* (dt. *siehe*) wird hingegen (typischerweise) auf Abschnitte (z. B. Kapitel) innerhalb der eigenen Arbeiten verwiesen.

## 3.3 Das Zitieren nach der Harvard-Methode

Neben den im folgenden Abschnitt dargestellen, unterschiedlichsten Beispielen findet sich im Text selbst eine Fülle an solchen, da hier die Harvard-Methode selbst eingesetzt wird.[95]

Die Harvard-Methode ist im Wesentlichen dadurch charakterisier- und erkennbar, dass sie gegenüber anderen Methoden wie jenen der *MLA* deutlich formenreduziert ist. So sind z. B. keine Unterstreichungen von (im Literaturverzeichnis) bibliographisch ordnenden Angaben vorgesehen, typographische Zeichen zur Trennung bibliographischer Kategorien gelangen nur sehr vermindert zur Anwendung. Darüber hinaus werden Werkarten nur in vereinfachter Form (im Literaturverzeichnis wie auch in den Quellenangaben sehr pragmatisch auf das Notwendige reduziert) voneinander unterschieden.

Diese Reduzierung bzw. bewusste Beschränkung der möglichen bzw. zur Anwendung gelangenden Ausprägungen innerhalb der Formvorschriften wird allgemein als ein großer Vorteil der Harvard-Methode gesehen. Eingesetzt wird diese Methode vor allem in den Sozial- und Wirtschaftswissenschaften, den Kultur- und Geisteswissenschaften.[96]

### 3.3.1 Formale Ausprägungen in der Quellenangabe

Die Angabe der Quelle erfolgt nach der Harvard-Methode direkt an das Zitat angeschlossen (= dahinter) in Kurzform. Die Kurzform besteht aus einer Angabe, über die das zitierte Werk im Literaturverzeichnis eindeutig identifiziert werden kann (das ist in der Regel die Angabe des Autorennamens[97] unter Hinzufügung des Erscheinungsjahres), sowie aus der Angabe der Stelle (Position), die aus dem zitierten Werk wiedergegeben wird (bei einem gedruckten Werk üblicherweise die *Seitenzahl*, kann aber natürlich auch eine *Zeitangabe* z. B. bei zitierten Audio- oder Video-Datenträgern sowie auch die Angabe eines sog. *Ankers* oder *Links* zur Identifikation

---

95 Sollten mit der folgenden Beispielaufzählung ev. nicht ausreichend unterschiedliche Fälle für die Harvard-Methode besprochen sein, bieten sich dem geneigten Leser durchaus weitere Möglichkeiten, im Text entsprechende Anwendungen leicht aufzufinden. Eine Fülle an zusammenfassenden und kommentierten Fassungen für Studierende findet sich zudem online (verstreut) im *World Wide Web*. Englischsprachige Dokumente sind (nicht nur bezogen auf die Harvard-Methode) zudem unter den Stichwörtern „Author Date System" auffindbar.
96 Dass man diese Methode hingegen seltener in den Natur- und Ingenieurwissenschaften antrifft, hängt wohl vor allem mit ihrer fehlenden → *Praktikabilität* für die jeweilige Anwendung zusammen.
97 Bei der Angabe des Autorennamens (innerhalb des Quellennachweises an der Zitatstelle, nicht aber im Literaturverzeichnis) besteht in der Kurzform üblicherweise die Möglichkeit, die Angabe auf die Wiedergabe des erstgenannten Autors zu beschränken.

einer Position innerhalb eines elektronischen Dokuments sein). Die Positionsangabe entfällt, wenn nicht eine bestimmte Textstelle, sondern eine Gesamtaussage (möglicherweise die Ergebnisse) eines Werkes angesprochen (sinngemäß wiedergegeben) wird.

Beispiel der Kennzeichnung eines wörtlichen Zitates:

> „Fußnoten dienen dazu, Schulden zu bezahlen. Ein Buch zitieren, aus dem man einen Satz übernommen hat, heißt Schulden zahlen. Einen Autor zitieren, von dem man einen Gedanken oder eine Information verwendet hat, heißt Schulden zahlen. Manchmal muss man auch weniger klar benennbare Schulden zahlen und aus Gründen der wissenschaftlichen Korrektheit in einer Anmerkung beispielsweise darauf hinweisen, dass von uns entwickelte eigenständige Gedanken ohne die Anregungen durch die Lektüre eines bestimmten Buches oder bei Gesprächen mit einem bestimmten Forscher nicht möglich wären." (Eco 1993, S. 213)

Beispiel der Kennzeichnung eines sinngemäß wiedergegebenen Zitates:[98]

> Fußnoten dienen in wissenschaftlichen Arbeiten des Weiteren dazu, Feststellungen nicht einfach (unkommentiert) zu übernehmen oder im passenden Fall zu ignorieren, sondern diese auch richtigzustellen. Eco meint, dies sei ein deutliches Kennzeichen einer mitunter geforderten, sinnvollen kritischen Geisteshaltung und nicht nur Gebot wissenschaftlicher Fairness (vgl. Eco 1993, S. 212).

Sonderform – Beispiel der Kennzeichnung eines Zitates „aus zweiter Hand":

> Das wesentlichste und auffälligste - wenngleich auch sehr moralisierend formulierte - Kennzeichen eines Plagiates beschreibt Lindey als „the false assumption of authorship: the wrongful act of taking the product of another person's mind, and presenting it as one's own." (Lindey 1952, S. 2 zitiert nach Gibaldi 1999, S. 30)

Wird die gleiche Quelle aufeinanderfolgend mehrfach zitiert, kann die Quellenangabe durch Einfügung des Hinweises *ebda.* (= ebenda, am zuletzt angegebenen Ort) abgekürzt werden.[99]

---

[98] Der hier sinngemäß wiedergegebene Textabschnitt, in dem die unterschiedlichen Funktionsweisen von Fußnoten in wissenschaftlichen Arbeiten besprochen werden lautet wörtlich:
„Fußnoten dienen dazu, Feststellungen des Textes richtigzustellen. Ihr seid eurer Sache sicher, aber es ist euch auch klar, dass andere anderer Meinung sind, oder ihr seid der Auffassung, dass man von einem bestimmten Standpunkt aus Einwendungen gegen eure Feststellungen vorbringen könnte. In diesem Fall ist es nicht nur ein Gebot der wissenschaftlichen Fairness, sondern auch ein Zeichen für eine kritische Geisteshaltung, auf solche Einschränkungen in einer Anmerkung hinzuweisen." (Eco 1993, S. 212).

[99] Dabei spricht man üblicherweise vom *Mehrfachbezug* (*Mehrfachverweis*) auf Quellen. Im obigen Beispiel kann somit die Quellenangabe i. d. W. abgekürzt werden:
„Fußnoten dienen dazu, Schulden zu bezahlen. Ein Buch zitieren, aus dem man einen Satz übernommen hat, heißt Schulden zahlen. Einen Autor zitieren, von dem man einen Gedanken oder eine Information verwendet hat, heißt Schulden zahlen. Manchmal muss man auch weniger klar benennbare Schulden zahlen und aus Gründen der wissenschaftlichen Korrektheit in einer Anmerkung beispielsweise darauf hinweisen, dass von uns entwickelte eigenständige Gedanken ohne die Anregungen durch die Lektüre eines bestimmten Buches oder bei Gesprächen mit einem bestimmten Forscher nicht möglich wären."
(Eco 1993, S. 213)
[...]

## 3.3.2 Formale Ausprägungen im Literaturverzeichnis

Das Literaturverzeichnis ist nach folgenden Ordnungskriterien in dieser Reihenfolge geordnet: Autoren-/Herausgebernamen[100], Erscheinungsjahr, Titel, Untertitel, ev. Zusatz zum Titel, Reihenangaben, Bandangaben, Erscheinungsformen[101], Verlag, Ort sowie dem Hinweis auf eine möglicherweise vorhandene Online-Version durch den entsprechenden *Link*.

Üblicherweise wird – aus Gründen der Vereinfachung – der Umstand vernachlässigt, im Literaturverzeichnis anzugeben (anzuzeigen), ob die dort verzeichneten Angaben der sog. Haupttitelseite[102] eines Werkes, einer anderen Stelle[103] oder überhaupt erst durch andere, weitere werkexterne Quellen[104] erschlossen wurden. Ist der Hinweis auf (selbst) recherchierte und entsprechend ergänzte, bibliographische Informationen wichtig[105], so wird dieser typographisch kenntlich gemacht, indem die ergänzten Informationen in eckige Klammern gestellt werden.[106]

Eine Eigenart innerhalb der Harvard-Methode ist, dass (zumeist) Buchstaben an das Erscheinungsjahr angehängt werden, sofern mit dem gleichen Autorennamen innerhalb desselben Erscheinungsjahres mehrere Titel verzeichnet werden. Dies dient allein der eindeutigen Referenzierung der Quellenangabe an der Zitatstelle. Der Sinn dieser speziellen Kennzeichnung wird durch folgendes (fiktives) Beispiel sowie der zugehörigen Quellenangabe verdeutlicht.[107]

---

*Fußnoten dienen in wissenschaftlichen Arbeiten des Weiteren dazu, Feststellungen nicht einfach (unkommentiert) zu übernehmen oder im passenden Fall zu ignorieren, sondern diese auch richtigzustellen. Eco meint, dies sei ein deutliches Kennzeichen einer mitunter geforderten, sinnvollen kritischen Geisteshaltung und nicht nur Gebot wissenschaftlicher Fairness (vgl. ebda., S. 212).*

100 In der Anordnung (Reihenfolge) *Nachname, Vorname*. Dass diese hier sehr vereinfacht dargestellte Form mitunter sehr komplex werden kann, zeigen allein die wenigen Beispiele in Fußnote 65.
101 Z. B. mit dem Hinweis darauf, dass das angeführte Werk zudem in anderer Form (wie zugleich als Dissertation an einer Universität) erschienen ist.
102 D. i. in der Regel jene Stelle eines Werkes, an der die üblichen Angaben zum Urheber (Verfasser) und Titel festgehalten sind.
103 Wie z. B. innerhalb des Werkes, möglicherweise im Vorwort oder anhand am/im Werk angebrachter Widmungen, Sprüche und ähnlicher Hinweise, über die ein nicht genannter Autor in historischen Werken typischerweise nachgewiesen werden kann.
104 Z. B. durch vorhandene, zuverlässige Bibliographien oder ähnliche Werkausgaben, die diese Angaben enthalten.
105 Vor allem wohl dann, wenn die zitierte Literatur Teil jenes *historischen Buchgutes* ist, bei dem nicht immer vollständige Autor-/Titelangaben gemacht wurden oder diese im Laufe der Zeit verloren gegangen sind.
106 Beispiel recherchierter, ergänzter bibliographischer Informationen, die im Literaturverzeichnis angegeben wurden:
Jefferson, S[mith, William] ([1843]): Über die Probleme spanischer Einwanderer in N[ew]J[ersey]. [Oxford Publications], Washington D.C.
107 Eine Beispielseite eines Literaturverzeichnisses, das unter Verwendung der Harvard-Methode gestaltet ist, findet sich im Anhang.

> „Die Einteilung wissenschaftlicher Arbeiten in mögliche Formen und Arten ist hier nicht als rein formales Mittel zu sehen, das bloß eine weitere Differenzierung zu den bereits erwähnten Formen darstellt. Vielmehr soll diese Unterscheidung mögliche Ausprägungen aufzählen und beschreiben, die wissenschaftliche Arbeiten annehmen können. [...] Konkrete Arbeiten sind stets durch mehrere, sich ergänzende Eigenschaften beschreibbar." (Jele 1998b, S. 10)

Ausschnitt aus dem zugehörigen Literaturverzeichnis:

> Jele, Harald (1998a): Messbare Grundzüge wissenschaftlichen Arbeitens? Auszüge, Ergebnisse und Interpretationsmöglichkeiten empirisch erhobener Daten zur Problematik zeitgemäßen wissenschaftlichen Arbeitens im Studium. Drava, Klagenfurt.
>
> Jele, Harald (1998b): Wissenschaftliches Arbeiten in Bibliotheken. Einführung für StudentInnen. Oldenbourg, München.

### 3.3.3 Beispiele unterschiedlicher Werkformen

Die hier angeführten Beispiele beziehen sich auf deren Wiedergabe im Literaturverzeichnis. Sämtliche Angaben wurden dem *Österreichischen Verbundkatalog*[108] entnommen und sind hier im Text zuerst in kategorisierter Form wiedergegeben sowie anschließend – entsprechend den Formvorgaben der Harvard-Methode – umgewandelt abgebildet.[109]

Aus diesen gegenüberstellenden Abbildungen wird deutlich, dass üblicherweise nicht alle bibliograpischen Kategorien im Literaturverzeichnis wiedergegeben werden. Vielmehr gelangt eine inhaltsreduzierte (vereinfachte und/oder verdichtete) Form zur Anwendung, die nur die wesentlichsten bibliographischen Angaben berücksichtigt.[110]

Unselbstständig erschienene Werke wie Aufsätze, Beiträge[111] etc. werden im Literaturverzeichnis üblicherweise gleich behandelt. Trotzdem wurden diese in der nachfolgenden Auflistung unterschiedlicher Werkformen für sich angegeben, um sowohl die vollständigen bibliographischen Informationen als auch deren verdichtete Abbildung im Literaturverzeichnis zu zeigen.

**Anonymes Werk: Bsp. s. → *Elektronische Publikation***

---

[108] Gesamtkatalog des österreichischen (wissenschaftlichen) Bibliothekenverbundes.
[109] Mit der Wiedergabe der folgenden Beispiele ziele ich selbstverständlich nicht auf Vollständigkeit. Vielmehr versuche ich mit der Auswahl einige typische, charakteristische Beispiele darzustellen.
[110] Der sehr pragmatisch orientierte Ansatz, die Wiedergabe bibliographischer Daten auf die wesentlichsten zu reduzieren, ist – wie im Text bereits angeführt – ein deutliches Merkmal der Harvard-Methode.
[111] Wie aus *Anthologien, Festschriften, Kongressberichten, Sammelwerken, Zeitschriften, Zeitungen* usw.

## Anthologie:

| | |
|---|---|
| 1. Autor/in | Geelen, Eva |
| Titel | Magie der Katzen |
| Zusatz zum Titel | Sensor auf vier Pfoten; Teufelsbrut & Hexenvieh; Frauen & Katzen - ein Geheimbund |
| Ort | Wien |
| Verlag | Tosa-Verl. |
| Jahr | 2000 |
| Umfangsangabe | 299 S[eiten]. |
| Illustr./Techn.Ang. | [mit] Ill[ustrationen]. |
| Formatangabe | 25 cm |
| Angaben zum Inhalt | Literaturverz. S. 299 |

**Geelen, Eva (2000): Magie der Katzen. Sensor auf vier Pfoten; Teufelsbrut & Hexenvieh; Frauen & Katzen – ein Geheimbund. Tosa-Verlag, Wien.**

## Auflagenwerk: Bsp. s. → *Übersetzungswerk*

## Aufsatz, einer Sammlung entnommen

| | |
|---|---|
| 1. Autor/in | Ray, Tim |
| Titel | Managing Japanese Organizational Knowledge Creation: the Difference |
| Herausgeber/in | Little, Stephen E. |
| Sammlungstitel | Managing Knowledge: An Essential Reader |
| Umfangsangabe | S. 102–118 |
| Jahr | 2001 |

**Ray, Tim (2001): Managing Japanese Organizational Knowledge: the Difference. In: Little, Stephen E. (Hrsg.) (2001): Managing knowledge. An essential reader. Open University, Milton Keynes. S. 102–118.**

## Aufsatzsammlung (*Reader*)

| | |
|---|---|
| 1. Autor/in | Little, Stephen E. [Hrsg.] |
| Titel | Managing knowledge |
| Zusatz zum Titel | an essential reader |
| Ausgabe | 1. publ. |
| Ort | Milton Keynes |
| Verlag | Open University |
| Jahr (Vorlage) | [erschienen] 2001 |
| Jahr | 2002 |
| Umfangsangabe | XI, 395 S. |
| Illustr./Techn.Ang. | graph. Darst. |
| Formatangabe | 25 cm |
| Angaben zum Inhalt | Literaturangaben |

**Little, Stephen E. (Hrsg.) (2001): Managing knowledge. An essential reader. Open University, Milton Keynes.**

## Autorenwerk (*Monographie*)

| | |
|---|---|
| 1. Autor/in | Sesink, Werner |
| Titel | Einführung in das wissenschaftliche Arbeiten ohne und mit PC |
| Verfasserangabe | von Werner Sesink |
| Ort | München; Wien |
| Verlag | Oldenbourg |
| Jahr | 1990 |
| Umfangsangabe | IX, 244 S. |
| Illustr./Techn.Ang. | graph. Darst. |

**Sesink, Werner (1990): Einführung in das wissenschaftliche Arbeiten ohne und mit PC. Oldenbourg, München.**

## Elektronische Publikation

| | |
|---|---|
| Titel | CD-ROM Zivilrecht |
| Materialbenennung | [CD-ROM] |
| Ausgabe | Ausg. Jän. 1998, beinhaltet Wertgrenzennovelle 1997 |
| Ort | Wien |
| Verlag | Manz |
| Jahr | 1998 |
| Umfangsangabe | 1 CD-ROM |
| Formatangabe | 12 cm, in Etui 13 x 13 cm |
| 1. Serientitel | Manz-Texte CD-ROM |
| 2. Serientitel | Manzsche Ausgabe der österreichischen Gesetze |

**CD-ROM Zivilrecht (1998). Ausgabe Jänner 1998; beinhaltet Wertgrenzennovelle 1997. (= Manz-Texte CD-ROM; Manzsche Ausgabe der österreichischen Gesetze). Manz, Wien.**

## Festschrift

| | |
|---|---|
| 1. Autor/in | Hahn, Erwin [Hrsg.] |
| 2. Autor/in | Kohl, Kurt |
| Titel | Sensumotorisches Lernen und Sportspielforschung |
| Zusatz | Festschrift zum 65. Geburtstag von Kurt Kohl |
| Verfasserang. | hrsg. von Erwin Hahn ... Im Auftrag von der Arbeitsgemeinschaft für Sportpsychologie in der Bundesrepublik Deutschland |
| Ausgabe | 1. Aufl. |
| Ort | Köln |
| Verlag | bps-Verl. |
| Jahr | 1984 |
| Umfang | 236 S. |
| Illustrat. | Ill., graph. Darst. |
| 1. Gesamttitel | Betrifft: Psychologie und Sport: Sonderband; 4 |

**Hahn, Erwin (Hrsg.) (1984): Sensumotorisches Lernen und Sportspielforschung. Festschrift zum 65. Geburtstag von Kurt Kohl. (= Betrifft: Psychologie und Sport; Sonderband 4). bps-Verlag, Köln.**

## Beitrag innerhalb einer Festschrift

| | |
|---|---|
| 1. Autor/in | Steininger, Friedrich |
| Titel | Das Känozoische Ärathem |
| Zusatz | Versuch einer Revision der Chronostratigraphischen Gliederung |
| Weiterer Zusatz | S. 39–46 |
| Herausgeber/in | Reichenbacher, Bettina |
| Festschrift | Festschrift zu Ehren von Prof. Dr. Erlend Martini |
| Serientitel | Courier Forschungsinstitut Senckenberg (CFS); Band 237 |
| Umfangsangabe | 350 S. |
| Verlag | E. Schweizerbart'sche Verlagsbuchhandlung |
| Ort | Stuttgart |
| Jahr | 2003 |
| Link | https://www.schweizerbart.de/pubs/books/sng/cfs-courie-190323700-desc.html |

**Steininger, Friedrich (2003): Das Känozoische Ärathem. Versuch einer Revision der Chronostratigraphischen Gliederung. In: Reichenbacher, Bettina (Hrsg.): Festschrift zu Ehren von Prof. Dr. Erlend Martini. (= Courier Forschungsinstitut Senckenberg (CFS); Band 237). E. Schweizerbart'sche Verlagsbuchhandlung, Stuttgart. S. 39–46.**
**Inhaltsverzeichnis online unter:**
**https://www.schweizerbart.de/pubs/books/sng/cfs-courie-190323700-desc.html**

## Gesetzestext

| | |
|---|---|
| Zählung | BGBl. I, 15/2002 - Österreichische Bibliothekenverbund und Service Gesellschaft mit beschränkter Haftung |
| Publikation | BUNDESGESETZBLATT FÜR DIE REPUBLIK ÖSTERREICH |
| Jahrgang | 2002 |
| Datum | Ausgegeben am 8. Jänner 2002 |
| Zusatz | Teil I 15. Bundesgesetz: Österreichische Bibliothekenverbund und Service Gesellschaft mit beschränkter Haftung |
| Protokoll | (NR: GP XXI RV 830 AB 851 S. 84. BR: AB 6508 S. 682.) |
| Titel | 15. Bundesgesetz über die Österreichische Bibliothekenverbund und Service Gesellschaft mit beschränkter Haftung |

**BGBl. I, 15/2002. 15. Bundesgesetz über die Österreichische Bibliothekenverbund und Service Gesellschaft mit beschränkter Haftung. (= BUNDESGESETZBLATT FÜR DIE REPUBLIK ÖSTERREICH. Ausgegeben am 8. Jänner 2002). Österreichische Staatsdruckerei, Wien.**

3 Beispiele gängiger Zitierformen

## Herausgeberwerk

| | |
|---|---|
| 1. Autor/in | Pogarell, Reiner [Hrsg.] |
| Titel | Wörterbuch überflüssiger Anglizismen |
| Verfasserangabe | hrsg. von Reiner Pogarell und Markus Schröder |
| Ausgabe | 4., völlig überarb. und erw. Aufl. |
| Ort | Paderborn |
| Verlag | IFB-Verl. |
| Jahr | 2001 |
| Umfangsangabe | 181 S. |
| Formatangabe | 23 cm |

**Pogarell, Reiner & Schröder, Markus (Hrsg.) (2001): Wörterbuch überflüssiger Anglizismen. 4., völlig überarb. und erw. Ausgabe. IFB-Verlag, Paderborn.**

## Hochschulschrift: Diplom- und Masterarbeit, Dissertation und Habilitation

| | |
|---|---|
| 1. Autor/in | Gebhardt, Albrecht |
| Titel | Neuronale Netze - eine Alternative in der Räumlichen Statistik? |
| Zusatz zum Titel | ein Vergleich |
| Verfasserangabe | Albrecht Gebhardt |
| Jahr | 1998 |
| Umfangsangabe | 133 Bl. |
| Illustr./Techn.Ang. | graph. Darst. |
| Begleitmaterialien | 1 CD-ROM |
| Hochschulschrift | Klagenfurt, Univ., Diss., 1998 |

**Gebhardt, Albrecht (1998): Neuronale Netze – eine Alternative in der Räumlichen Statistik? Ein Vergleich. Dissertation. Universität Klagenfurt, Klagenfurt.**

## Publizierte Hochschulschrift

| | |
|---|---|
| 1. Autor/in | Schnieders, Bernd |
| Titel | Krankenpflege - ein Berufsbild im Wandel |
| Zusatz | eine qualitative Studie über den beruflichen Alltag in der Krankenpflege und dessen Veränderungsmöglichkeiten |
| Verfasserang. | Bernd Schnieders |
| Ort | Frankfurt (Main) |
| Verlag | Mabuse-Verl. |
| Jahr | 1994 |
| Umfang | 127 S. |
| 1. Gesamttitel | Mabuse-Verlag Wissenschaft; 21 |
| Hochschulschr. | Zugl.: Berlin, Techn. Univ., Diplomarbeit, 1994 |

**Schnieders, Bernd (1994): Krankenpflege – ein Berufsbild im Wandel. Eine qualitative Studie über den beruflichen Alltag in der Krankenpflege und dessen Veränderungsmöglichkeiten. Zugl. Diplomarbeit an der TU-Berlin, 1994. (= Mabuse-Verlag Wissenschaft; 21). Mabuse-Verlag, Frankfurt am Main.**

## Kongressbericht

| | |
|---|---|
| 1. Autor/in | Wenninger, Markus J. [Hrsg.] |
| 1. Körperschaft | Akademie Friesach <1994, Friesach> |
| Titel | Du guoter tôt |
| Zusatz | Sterben im Mittelalter – Ideal und Realität; Akten der Akademie Friesach „Stadt und Kultur im Mittelalter", Friesach (Kärnten), 19.–23. September 1994 |
| Verfasserang. | hrsg. von Markus J. Wenninger |
| Ort | Klagenfurt |
| Verlag | Wieser |
| Jahr | 1998 |
| Umfang | VII, 379 S. |
| 1. Gesamttitel | Schriftenreihe der Akademie Friesach; 3 |

**Wenninger, Markus (Hrsg.) (1998): Du guoter tôt. Sterben im Mittelalter – Ideal und Realität. Akten der Akademie Friesach „Stadt und Kultur im Mittelalter", Friesach (Kärnten), 19.–23. September 1994. Mitherausgegeben von der Akademie Friesach. (= Schriftenreihe der Akademie Friesach; 3). Wieser, Klagenfurt.**

## Körperschaftswerk

| | |
|---|---|
| 1. Körperschaft | Kärntner Gebietskrankenkasse <Klagenfurt> |
| Titel | Bericht über das Geschäftsjahr . . . |
| Urheber (Vorlage) | Kärntner Gebietskrankenkasse |
| Ersch.-Verlauf | Nachgewiesen 1955 - |
| Ort | Klagenfurt |
| Erscheinungsweise | Erscheint jährlich |
| Weitere Angaben | Vorg.: Rechenschaftsbericht der Kärntner Gebietskrankenkasse |

**Kärntner Gebietskrankenkasse <Klagenfurt> (2002): Bericht über das Geschäftsjahr. Klagenfurt.**

## Lizenzausgabe

| | |
|---|---|
| 1. Autor/in | Hofstadter, Douglas R. |
| Einheitssachtitel | Gödel, Escher, Bach <dt.> |
| Titel | Gödel, Escher, Bach |
| Zusatz zum Titel | ein endloses geflochtenes Band |
| Verfasserangabe | Douglas R. Hofstadter |
| Ort | Berlin; Darmstadt; Wien |
| Verlag | Dt. Buch-Gemeinschaft |
| Jahr (Vorlage) | [1986] |
| Jahr | 1986 |
| Umfangsangabe | 844 S. |
| Illustr./Techn.Ang. | Ill., graph. Darst. |
| Formatangabe | 23 cm |
| Fussnote | Lizenzausg. d. Verl.-Gemeinschaft Klett-Verl. – Cotta'sche Buchh., Stuttgart |

**Hofstadter, Douglas R. (1986): Gödel, Escher, Bach. Ein endlos geflochtenes Band. Deutsche Buch-Gemeinschaft, Berlin.**

## Mehrbändiges Werk

| | |
|---|---|
| 1. Autor/in | Schiller, Friedrich |
| Titel | Ausgewählte Werke |
| Verfasserangabe | Friedrich Schiller |
| Ort | [Augsburg] |
| Verlag | Weltbild-Bücherdienst |
| Formatangabe | 18 cm |
| Band 1. | Die Räuber. 1984 |
| Band 2. | Kabale und Liebe. 1984 |
| Band 3. | Die Piccolomini. 1984 |
| Band 4. | Maria Stuart. 1984 |
| Band 5. | Die Braut von Messina. 1984 |
| Band 6. | Theater; Geschichte; Philosophie. 1984 |
| Band 7. | Gedichte; Erzählungen; Gesamtverzeichnis. 1984 |

**Schiller, Friedrich (1984): Die Räuber. (= Ausgewählte Werke; Bd. 1). Weltbild-Bücherdienst, Augsburg.**

## Monographie → *Autorenwerk*

## Nachdruck (*Reprint*)

| | |
|---|---|
| 1. Autor/in | Hofstadter, Douglas R. |
| Titel | Gödel, Escher, Bach |
| Zusatz zum Titel | an eternal golden braid; a metaphorical fugue on minds and machines in the spirit of Lewis Carroll |
| Verfasserangabe | Douglas R. Hofstadter |
| Ausgabe | Repr. |
| Ort | Harmondsworth/Middlesex |
| Verlag | Penguin |
| Jahr | 1981 |
| Umfangsangabe | 776 S. |
| Illustr./Techn.Ang. | Ill., graph. Darst., Notenbeisp. |

**Hofstadter, Douglas R. (1981): Gödel, Escher, Bach. An eternal golden braid; a metaphorical fugue on minds and machines in the spirit of Lewis Carroll. Reprint. Penguin, Harmondsworth/Middlesex.**

## Online-Publikation

| | |
|---|---|
| 1. Körperschaft | Deutsche Forschungsgemeinschaft |
| Titel | Empfehlungen der Kommission „Selbstkontrolle in der Wissenschaft" |
| Zusatz zum Titel | Vorschläge zur Sicherung guter wissenschaftlicher Praxis |
| Jahr | 1998 |
| Link | https://www.dfg.de/gwp |

**DFG, Deutsche Forschungsgemeinschaft (1998): Empfehlungen der Kommission „Selbstkontrolle in der Wissenschaft". Vorschläge zur Sicherung guter wissenschaftlicher Praxis.**
**Online unter:**
**https://www.dfg.de/gwp**

## Online-Publikation, anonymes Werk

| | |
|---|---|
| Titel | [Sammlung von BibTeX-Style-Files für unterschiedliche Formvorschriften (Zitiervorschriften)] |
| Link | https://ftp.math.utah.edu/pub/tex/bibtex |

**https://ftp.math.utah.edu/pub/tex/bibtex: Sammlung von BibTeX-Style-Files für unterschiedliche Formvorschriften (Zitiervorschriften).**

## Online-Publikation, zugleich gedruckt erschienen

| | |
|---|---|
| 1. Autor/in | Eversberg, Bernhard |
| Titel | Was sind und was sollen Bibliothekarische Datenformate |
| Zusatz zum Titel | WWW-Version mit Ergänzungen |
| Jahr | 1999 |
| Ausgabe | Überarbeitete und erweiterte Neuausgabe |
| Verlag | Universitätsbibliothek der TU Braunschweig |
| 1. Serientitel | Veröffentlichungen der Universitätsbibliothek Braunschweig; Heft 9 |
| Link | http://www.allegro-b.de/doku/formate/formate.htm |

**Eversberg, Bernhard (1999): Was sind und was sollen Bibliothekarische Datenformate. WWW-Version mit Ergänzungen. Überarbeitete und erweiterte Neuausgabe. (= Veröffentlichungen der Universitätsbibliothek Braunschweig; Heft 9). Universitätsbibliothek der TU Braunschweig, Braunschweig.**
**Online unter:**
**http://www.allegro-b.de/doku/formate/formate.htm**

## Reihentitel: Reihenangabe

| | |
|---|---|
| 1. Autor/in | Hofstadter, Douglas R. |
| Titel | Gödel, Escher, Bach |
| Zusatz zum Titel | an eternal golden braid |
| Verfasserangabe | Douglas R. Hofstadter |
| Ausgabe | 1. publ. |
| Ort | Hassocks |
| Verlag | Harvester Pr. |
| Jahr | 1979 |
| Umfangsangabe | XXI, 777 S. |
| Illustr./Techn.Ang. | Ill., graph. Darst., Notenbeisp. |
| 1. Serientitel | Harvester studies in cognitive science; 12 |
| Angaben zum Inhalt | Literaturverz. S. 746–756 |

**Hofstadter, Douglas R. (1979): Gödel, Escher, Bach. An eternal golden braid. (= Harvester studies in cognitive science; 12). Harvester Press, Hassocks.**

## Report (*Technischer Report*)

| | |
|---|---|
| 1. Autor/in | Bringmann, Björn |
| Titel | Transformation-Based Regression |
| Zusatz zum Titel | Technical Report |
| Ort | Wien |
| Verlag | Österreichisches Forschungsinstitut für Artificial Intelligence |
| Jahr | 2002 |
| Zählung | TR-2002-08 |
| Link | https://ofai.at/papers/oefai-tr-2002-08.pdf |

**Bringmann Björn (2002): Transformation-Based Regression. Technical Report, Österreichisches Forschungsinstitut für Artificial Intelligence, Wien, TR-2002-08.**
**Online unter:**
**https://ofai.at/papers/oefai-tr-2002-08.pdf**

## Übersetzungswerk

| | |
|---|---|
| 1. Autor/in | Hofstadter, Douglas R. |
| Einheitssachtitel | Gödel, Escher, Bach <dt.> |
| Titel | Gödel, Escher, Bach |
| Zusatz zum Titel | ein endloses geflochtenes Band |
| Verfasserangabe | Douglas R. Hofstadter [Aus d. Amerikan. übers. von Philipp Wolff-Windegg ...] |
| Ausgabe | 4., unveränd. Aufl. |
| Ort | Stuttgart |
| Verlag | Klett-Cotta |
| Jahr | 1985 |
| Umfangsangabe | XIX, 844 S. |
| Illustr./Techn.Ang. | zahlr. Ill., graph. Darst., Notenbeisp. |
| Angaben zum Inhalt | Literaturverz. S. 805–819 |

**Hofstadter, Douglas R. (1985): Gödel, Escher, Bach. Ein endlos geflochtenes Band. 4., unveränderte Auflage. Klett-Cotta, Stuttgart.**

## Zeitschrift

| | |
|---|---|
| ZDB-Nr. | 716050-1 |
| Titel | Fuzzy sets and systems |
| Zusatz zum Titel | an international journal |
| Ersch.-Verlauf | 1.1978 - |
| Ort | Amsterdam |
| Verlag | North-Holland |
| Erscheinungsweise | Erscheint vierzehntägig |
| ISSN | 0165-0114 |

**Fuzzy sets and systems. An international journal. North-Holland, Amsterdam.**

## Zeitschriftenartikel (Aufsatz, einer Zeitschrift entnommen)

| | |
|---|---|
| 1. Autor/in | Bandemer, Hans |
| 2. Autor/in | Gebhardt, Albrecht |
| Titel | Bayesian fuzzy kriging |
| Zeitschrift | Fuzzy Sets and Systems |
| Ausgabe | Volume 112, Issue 3 |
| Jahr | 2000 |
| Umfangsangabe | S. 405–418 |

**Bandemer, Hans & Gebhardt, Albrecht (2000): Bayesian fuzzy kriging. In: Fuzzy Sets and Systems. Volume 112, Issue 3. S. 405–418.**

## Zeitungsartikel (Beitrag, einer Zeitung entnommen)

| | |
|---|---|
| 1. Autor/in | Griesser, Doris |
| Redaktion | Feiertag, Andreas |
| Titel | Gestylte Natur im Dienste der Industrie |
| Zusatz | Kompetenzzentrum für Angewandte Biokatalyse in Graz erforscht natürliche Enzyme |
| Zeitung | Der Standard |
| Umfangsangabe | S.ALB4 |
| Jahr | 3./4. Mai 2003 |

**Griesser, Doris (2003): Gestylte Natur im Dienste der Industrie. Kompetenzzentrum für Angewandte Biokatalyse in Graz erforscht natürliche Enzyme. In: Der Standard. 3./4. Mai 2003. S.ALB4.**

## 3.4 Das Zitieren in abgewandelter Kurzform (AMS)

Die Zitierformen der *AMS (American Mathematical Society)*[112] gelangen vor allem innerhalb der Technik- bzw. Ingenieur- und innerhalb der Naturwissenschaften zum Einsatz. Ein Grund dafür ist in der bevorzugt eingesetzten Software zum Textsatz bzw. zur Textverarbeitung (LaTeX) zu sehen sowie in der Einfachheit, diese ziemlich fehlerfrei einzusetzen.[113]

Diese Methode wird mitunter auch als das *Nummernsystem* (der *AMS*) bezeichnet, da die Referenz zwischen der Quellenangabe und dem Literaturverzeichnis im einfachsten Fall – und wie durch das im Text unten angeführte Beispiel ersichtlich wird – durch *Nummern* (i. S. v. *Referenzzahlen*) hergestellt wird.[114]

### 3.4.1 Formale Ausprägungen in der Quellenangabe

Die Angabe der Quelle erfolgt nach der Methode der *AMS* entweder

- in der Kürzestform mit einer Nummer (Zahl); Bsp.: *[1]*,
- oder (der besseren Lesbarkeit der Quellenangaben wegen) in einer aus dem Autorennamen, dem Herausgebernamen oder dem Titel abgeleiteten, konventionellen Kurzform; eventuell durch Hinzufügung des Erscheinungsjahres. Bsp.: *[JEL]*, aber z. B. auch *[JEL98]*

anhand derer die entsprechende Quelle im Literaturverzeichnis aufgefunden werden kann.

Dabei ist zu beachten, dass die Stilvorgaben der *AMS* zulassen, dass die Positionsangaben[115] entweder bei der Quellenangabe in Kurzform oder im Literatur-

---

112 Online ist eine überarbeitete Kurzversion des Style-Manuals (AMS 2021) zugänglich unter: *https://www.ams.org/arc/handbook/index.html*.
113 S. dazu die Beschreibung zum Kriterium der → *Praktikabilität* sowie der → *produktspezifischen Eigenheiten*.
114 Auffällig ist, dass im Fall sinngemäß wiedergegebener Inhalte (Zitate) bei der Anwendung des Nummernsystems der *AMS* oft beobachtet werden kann, dass die Positionsangabe durch die Seitenzahl nicht mitgeführt wird.
115 Die Angabe der Position kann – wie natürlich bei allen Zitiervorschriften – nicht nur eine Seitenzahl aus einem gedruckten Werk, sondern zudem die Angabe einer *Fortschrittsdauer* (Zeitangabe) bei audiovisuellen Medien oder die Angabe eines *Links* oder Ankers bei elektronischen Publikationen meinen. Aus diesem Grund kann es sinnvoll sein, Seitenangaben auch tatsächlich mit der Abkürzung „S." zu kennzeichnen; Positionsangaben, die z. B. *Fußnoten*, *Darstellungen* oder auch angeführte *Beispiele* meinen, sind so eindeutig kennzeichen- und deutlich erkennbar.

verzeichnis erfolgen kann. Die Entscheidung für eine der beiden Varianten erfolgt üblicherweise allein aus Gründen der Praktikabilität.[116]

Beispiel eines wörtlichen Zitates sowie der zugehörigen Quellenangabe in der Kürzestform durch Angabe einer „*Referenzzahl*":

> „*Die Einteilung wissenschaftlicher Arbeiten in mögliche Formen und Arten ist hier nicht als rein formales Mittel zu sehen, das bloß eine weitere Differenzierung zu den bereits erwähnten Formen darstellt. Vielmehr soll diese Unterscheidung mögliche Ausprägungen aufzählen und beschreiben, die wissenschaftliche Arbeiten annehmen können. [...] Konkrete Arbeiten sind stets durch mehrere, sich ergänzende Eigenschaften beschreibbar.*" [2, S. 10]

Ausschnitt aus dem zugehörigen Literaturverzeichnis:

> [1]   Jele, Harald. *Messbare Grundzüge wissenschaftlichen Arbeitens? Auszüge, Ergebnisse und Interpretationsmöglichkeiten empirisch erhobener Daten zur Problematik zeitgemäßen wissenschaftlichen Arbeitens im Studium*. Drava, Klagenfurt, 1998.
> [2]   Jele, Harald. *Wissenschaftliches Arbeiten in Bibliotheken. Einführung für StudentInnen*. Oldenbourg, München, 1998.

Beispiel eines wörtlichen Zitates sowie der zugehörigen Quellenangabe in der abgekürzten Form aus der Kombination „*Autorennamen*" + „*Jahreszahl*":

> „*Die Einteilung wissenschaftlicher Arbeiten in mögliche Formen und Arten ist hier nicht als rein formales Mittel zu sehen, das bloß eine weitere Differenzierung zu den bereits erwähnten Formen darstellt. Vielmehr soll diese Unterscheidung mögliche Ausprägungen aufzählen und beschreiben, die wissenschaftliche Arbeiten annehmen können. [...] Konkrete Arbeiten sind stets durch mehrere, sich ergänzende Eigenschaften beschreibbar.*" [JEL98b, S. 10]

Ausschnitt aus dem zugehörigen Literaturverzeichnis:

> [JEL98a]   Jele, Harald. *Messbare Grundzüge wissenschaftlichen Arbeitens? Auszüge, Ergebnisse und Interpretationsmöglichkeiten empirisch erhobener Daten zur Problematik zeitgemäßen wissenschaftlichen Arbeitens im Studium*. Drava, Klagenfurt, 1998.
> [JEL98b]   Jele, Harald. *Wissenschaftliches Arbeiten in Bibliotheken. Einführung für StudentInnen*. Oldenbourg, München, 1998.

## 3.4.2 Formale Ausprägungen im Literaturverzeichnis

In ähnlicher Weise wie die Gestaltung der Quellenangaben gehorcht (nach den Stilvorgaben der *AMS*) auch die Angabe der bibliographischen Informationen im

---

116 Zu beachten ist hierbei natürlich, dass eine Positionsangabe zu zitierten Quellen innerhalb des Literaturverzeichnisses unpraktisch ist, wenn auf diese Quelle im Text mehrfach Bezug genommen wird (und aus diesem Grund im Literaturverzeichnis eigentlich mehrfach geführt werden müsste).

Literaturverzeichnis[117] überwiegend Gründen der Praktikabilität. Die große Anzahl an auffindbaren Freiheitsgraden sollte jedoch nicht zur Annahme verleiten, dass der Einsatz dieser Zitiervorschriften sehr willkürlich oder gar völlig beliebig erfolgen kann oder gar soll. Ganz im Gegenteil: um diesem Eindruck möglicher Beliebigkeit beim Einsatz ihrer Vorgaben entgegenzuwirken, publiziert die *AMS* selbst auf ihrer Homepage[118] besonders genaue, sehr umfangreiche und aktuell gehaltene *Stylesheets*, die die Vorgaben zu den Zitierregeln sinnvoll abbilden.

Es ist somit durchaus möglich und meines Erachtens wohl auch sinnvoll, die Angabe der bibliographischen Informationen in der besprochenen Reihenfolge der → *Harvard-Methode* durchzuführen.[119] Daneben besteht die Möglichkeit, die häufig angewandt wird, die Angabe des Erscheinungsjahres an das Ende der bibliographischen Angaben zu stellen. Alle übrigen bibliographischen Kategorien werden in der bereits besprochenen Reihenfolge angeführt: *Autoren-/Herausgebernamen*[120], (*Erscheinungsjahr,*) *Titel, Untertitel,* ev. *Zusatz zum Titel, Reihenangaben, Bandangaben, Erscheinungsformen*[121], *Verlag, Ort* (*Erscheinungsjahr*) sowie dem Hinweis auf eine möglicherweise vorhandene Online-Version durch den entsprechenden *Link*.[122]

## 3.5 Der Quellennachweis in Fußnoten

Bei Auswahl und Einsatz dieser Methode[123] muss beachtet werden, dass diese sehr spezifisch in einzelnen Wissenschaftsgebieten (*Fächern*) eingesetzt wird. Dazu zählen vor allem die Geschichte, Theologie, aber auch einige Bereiche der Philologie. Daneben kann beobachtet werden, dass Quellennachweise in Fußnoten häufig zur Anwendung gelangen, wenn die wissenschaftliche Bearbeitung größerer Textkorpora im Mittelpunkt des jeweiligen Interesses steht.[124]

---

117 Eine Beispielseite eines Literaturverzeichnisses, das unter Verwendung der Richtlinien der *AMS* gestaltet ist, findet sich im Anhang.
118 Vgl. dazu vor allem *http://www.ams.org*.
119 Vor allem natürlich dann, wenn die Quellenangabe aus einer Kombination mit dem *Erscheinungsjahr* gebildet wird: Bei der Harvard-Methode wird diese aus Ordnungsgründen hinter den Autoren- bzw. Herausgebernamen gestellt und ist somit leicht auffindbar/gut lesbar.
120 In der Anordnung (Reihenfolge) *Nachname, Vorname*. Siehe dazu auch die Anmerkungen zur Schreibweise von Namen in *Fußnote 65*.
121 Z. B. mit dem Hinweis darauf, dass das angeführte Werk zudem in anderer Form erschienen (wie zugleich als Dissertation an einer Universität) ist.
122 Beispiele dazu finden sich im vorhergehenden Abschnitt, im Anhang sowie natürlich in praktischer, angewandter Weise im Literaturverzeichnis dieser Arbeit.
123 Diese Methode ist (u. a.) auch unter dem Begriff Belegverweisung bekannt (vgl. z. B. Poenicke 1988, S. 144). Kritisch besprochen ist diese auch unter dem Begriff „Zitat - Fußnote" in Eco (vgl. 1993, S. 214–218).
124 Dazu zählt in den o. g. Fächern vor allem die Bearbeitung von *Urkunden, Verträgen, Manuskripten, Handschriften, Nachlassmaterialien* u. ä. Primärquellen, deren Inhalte zum wissenschaftlichen Nachweis in großen Teilen wiedergegeben werden müssen.

## 3.5 Der Quellennachweis in Fußnoten

Zudem sehen die Stilvorgaben mancher Publikationen (i. d. F. insbesondere manche Zeitschriften) vor, dass Autoren ihren Beiträgen keine eigenen Literaturverzeichnisse anfügen, sondern die zitierte Literatur in Fußnoten an der Stelle des Erstzitates anführen. Beispiele entsprechend wiedergegebener Zitate sowie der zugehörigen Fußnoten:[125]

> *„Die Einteilung wissenschaftlicher Arbeiten in mögliche Formen und Arten ist hier nicht als rein formales Mittel zu sehen, das bloß eine weitere Differenzierung zu den bereits erwähnten Formen darstellt. Vielmehr soll diese Unterscheidung mögliche Ausprägungen aufzählen und beschreiben, die wissenschaftliche Arbeiten annehmen können. [...] Konkrete Arbeiten sind stets durch mehrere, sich ergänzende Eigenschaften beschreibbar."*[126]
>
> *„Fußnoten dienen dazu, Schulden zu bezahlen. Ein Buch zitieren, aus dem man einen Satz übernommen hat, heißt Schulden zahlen. Einen Autor zitieren, von dem man einen Gedanken oder eine Information verwendet hat, heißt Schulden zahlen. Manchmal muss man auch weniger klar benennbare Schulden zahlen und aus Gründen der wissenschaftlichen Korrektheit in einer Anmerkung beispielsweise darauf hinweisen, dass von uns entwickelte eigenständige Gedanken ohne die Anregungen durch die Lektüre eines bestimmten Buches oder bei Gesprächen mit einem bestimmten Forscher nicht möglich wären."*[127]
>
> *Fußnoten dienen in wissenschaftlichen Arbeiten des Weiteren dazu, Feststellungen nicht einfach (unkommentiert) zu übernehmen oder im passenden Fall zu ignorieren, sondern diese auch richtigzustellen. Eco meint, dies sei ein deutliches Kennzeichen einer m. u. geforderten, sinnvollen kritischen Geisteshaltung und nicht nur Gebot wissenschaftlicher Fairness.*[128]

Dies hat natürlich den Vorteil, dass keine eigene Bibliographie erstellt und – mit zunehmendem Fortschritt des eigentlichen Textes – aktuell gehalten („*gepflegt*") werden muss. Wird eine eher geringe Anzahl an zitierten Werken herangezogen, so ist der Quellennachweis in Fußnoten zudem eine sehr effiziente Art des wissenschaftlichen Nachweises.[129]

Nachteilig hingegen wirkt sich dies aus, wenn eine große Anzahl an zitierten Werken wiederzugeben ist und gleichzeitig mehrfach auf diese Quellen Bezug genommen wird. Solche Mehrfachverweise werden üblich durch das Hinzufügen von a. a. O. (am angegebenen Ort[130]) angezeigt – wobei die Aufgabe des Lesers ist, den angegebenen Ort selbstständig aufzufinden, um die Quellenangabe vollständig zu

---

125 Eine Beispielseite, die unter Verwendung von Quellenangaben in Fußnoten gestaltet ist, findet sich in *Kap. 8.6*.
126 Jele, Harald (1998): Wissenschaftliches Arbeiten in Bibliotheken. Einführung für StudentInnen. Oldenbourg, München, S. 10.
127 Eco, Umberto (1993): Wie man eine wissenschaftliche Abschlußarbeit schreibt. Doktor-, Diplom- und Magisterarbeit in den Geistes- und Sozialwissenschaften. 6., durchgesehene Auflage der deutschen Ausgabe. (= UTB Uni-Taschenbücher 1521). Verlag C. F. Müller, Heidelberg, S. 231.
128 Vgl. Eco a. a. O., S. 212 (Anmerkung: der Hinweis auf den *angegebenen Ort* durch Einfügung von *a. a. O.* bezieht sich in diesem Beispiel auf die vorherige Fußnote).
129 Als ein praktisches Beispiel dafür kann Eco (vgl. 1993, v. a. S. 200–203 und S. 212–215) genannt werden.
130 Für weitere gebräuchliche Verweisungsformen (*Synonyme* zur Abkürzung *a. a. O.*) s. a. das Abkürzungsverzeichnis in diesem Text.

erschließen. Das ist im Konkreten natürlich jene Fußnote, in dem das betreffende Werk (die Quelle) *erstgenannt* ist.

Unter diesen Umständen ergibt sich für den Leser eine schwer lesbare Form wissenschaftlicher Nachweise. Der Vorteil eines Literaturverzeichnisses, dass mit diesem dem Leser eine vollständige, leicht lesbare Zusammenfassung der zitierten Literatur[131] geboten wird, kehrt sich bei der Verwendung der Methode von Quellenangaben in Fußnoten in sein praktisches Gegenteil.

## 3.6 Das Zitieren von Nicht-Text-Inhalten

Üblicherweise wird davon ausgegangen, dass die Mehrzahl der in einer Arbeit nachgewiesenen Inhalte (= die wiedergegebenen Quellen) Texte sind. Dass dies nicht immer der Fall ist und dass mitunter sogar der überwiegende Teil wiedergegebener Inhalte Quellen sein können, die nicht in Textform vorliegen oder vorgelegen haben, darf nicht überraschen.[132]

Typische, häufig vorkommende Quellen, die nicht auf (herkömmlichen) Texten beruhen, sind *Abbildungen*, *Graphiken* aller Art, *Tabellen* bzw. tabellarische Zusammenstellungen sowie *Aufnahmen* mit Ton- bzw. Bildmaterial (Tonbänder, Videoaufnahmen auf unterschiedlichstem Trägermaterial).[133]

*Abbildungen, Graphiken* und *Tabellen* werden dabei gleich behandelt. Sie werden an der betreffenden Stelle[134] so wiedergegeben, dass sie ihrem Urbild entsprechen. Werden diese (z. B. aus Gründen der Übersichtlichkeit) verändert, so ist im Quellennachweis darauf hinzuweisen.[135] Einige angewandte Beispiele dazu sind in dieser Arbeit vor allem im Anhang zu finden.[136]

---

131 Und damit m. E. ein Überblick über die verwendeten *Ansätze*, *Methoden* und *Theorien* gegeben ist.

132 Innerhalb ganzer Wissenschaftszweige mag dieser Umstand durchaus der Normalfall sein. Empirische Forschung, deren Mittelpunkt und inhaltliche Ausrichtung nicht zwingend theoretischer Natur sein müssen, liefert als Ergebnis häufig (gedruckte) Arbeiten, deren wiedergegebenen und nachgewiesenen Quellen keine Texte, sondern möglicherweise (in Ton- oder Bildmaterial) Festgehaltenes sein können. Ebenso ist vorstellbar, dass (nur beispielhaft genannt) kommunikationswissenschaftliche Untersuchungen auf der Basis mündlicher, festgehaltener Informationen beruht.

133 Eben sog. „AV-Medien": audiovisuelle Medien auf unterschiedlichsten Tonträgern bzw. solche in Online-Form. Verwechselt darf an dieser Stelle jedoch keinesfalls werden, dass Texte, die in Online-Form erschienen sind, eben wie Texte behandelt werden. Die Erscheinungsform allein führt zu keiner (von einem gedruckten Text) unterschiedenen Behandlungsform. Allein, der Nachweis der Quelle wird bei Online-Formen eines Zusatzes, z. B. eines Links, bedürfen. Ansonsten sind keine Unterschiede festzuhalten.

134 Im Text oder bei umfangreichen Sammlungen im Anhang zusammengestellt.

135 Hier: i. S. eines sinngemäßen, nicht wörtlich wiedergegebenen Zitates.

136 Vgl. dazu auch die abgebildeten Darstellungen sowie deren entsprechenden Quellennachweise in dieser Arbeit. Leicht auffinden lassen sich diese über das Abbildungsverzeichnis in *Kap. 10*.

## 3.6 Das Zitieren von Nicht-Text-Inhalten

Wesentlich für die korrekte Wiedergabe ist das Anführen des eventuell vorhandenen Titels der Abbildung[137] und gleichzeitig das zusätzliche Anfügen des Vermerks „Quelle", der in diesem Fall[138] kennzeichnet, dass diese übernommen – und nicht selbst erstellt – wurde. Im Unterschied dazu tragen selbst erstellte Abbildungen üblicherweise (nur) eine Zählung sowie einen Titel.[139]

Sowohl die Inhalte als auch die Form der Angaben zur „Quelle" entsprechen natürlich jenen der Formvorschriften zu den *Quellenangaben* der gewählten Zitierweise.[140]

*Aufnahmen mit AV-Materialien* werden im Grunde zitiert wie Textwiedergaben – allein bei der Angabe der Position müssen nachvollziehbare, standardisierte Werte[141] verwendet werden.[142] Beispiele zur Verwendung von Quellenangaben bei AV-Medien (hier ausschließlich nach der Harvard-Methode):

> *Die Fähigkeit, dass Pinguine ihren Nachwuchs auch Tage nach dem Fang frischer Fische mit diesen – im eigenen Körper transportierten und völlig unverdauten – füttern können, ließ bereits vermuten, dass Pinguine im Magen konservierende Stoffe produzieren können, mit denen Nahrung im Körper nicht verdaut, sondern konserviert werden kann (vgl. Kaiser 2023, 3min 24s).*

> *Lautverhärtungen, die dem Bayrischen fremd sind, beziehen sich im Wesentlichen auf die Explosivlaute „P", „T", „K" wie sie im Deutschen in den Namen „Peter", „Thorsten" oder „Konrad" vorkommen und weich wie „Beder", „Dorsden" und „Gonrad" gesprochen werden (vgl. Madern 2023, 44min 46s, angesprochene Beispiele im O-Ton an den Laufmetern 133m, 147m und 150m).*

Zugehöriger Ausschnitt aus dem Literaturverzeichnis:

> *Kaiser, Ronald (2023): Die Verdauungs- und Konservierungsstoffe der Kaiserpinguine. Forschungsbericht im Rahmen der Meeresbiologietagung Kiel. 11.–15. Sept. 2023. Mitschnitt des NDR (= Norddeutscher Rundfunk), ausgestrahlt am 2. Okt. 2023.*

> *Madern, Ronald (2023): Lautbeispiele zum bayrischen Dialekt in Salzburg. Vortrag an der Universität Regensburg am 6. Nov. 2022. Mitschnitt des Instituts für Sprachwissenschaft der Ludwig Maximilians Universität München.*

---

137 Da *Abbildungen*, *Graphiken* und *Tabellen* gleichbehandelt werden, beziehe ich mich in weiterer Folge der Einfachheit halber ausschließlich auf Abbildungen – und meine die anderen, gleich zu behandelnden Formen mit.
138 Bezogen auf die Wiedergabe von Abbildungen, Graphiken und Tabellen.
139 Siehe dazu z. B. auch die *Abb. 5.1* im Vergleich zu *Abb. 8.5* in dieser Arbeit.
140 Also die entsprechende Kurzform bei den hier besprochenen Methoden *Harvard* und *AMS* sowie der übliche Bezugnachweis bei der Quellenangabe in Fußnoten.
141 Wie Sekunden, Minuten, Stunden etc. U. U. ist – sollte die Notwendigkeit hoher Genauigkeit dies erfordern – auch die Angabe in „mm" oder „cm" denkbar. Beispiele solcher Maßangaben finden sich bei Angaben zu Aufnahmen, die phonetisch bzw. phonologisch von Relevanz sind und deren Steuerung durch die Angabe von Sekundenteilen zu unerwünschten Ungenauigkeiten führt. Mit Tonbändern hat man es mittlerweile sehr selten zu tun. Dafür sind die Schnittprogramme zur digitalen Nachbearbeitung von Tonmaterial entsprechend genauer geworden, sodass der Zusatz von Millisekunden anstelle von Millimetern erforderlich sein kann.
142 Nicht standardisierte Werte sind möglicherweise vorhandene Zählerstände von Laufwerken (die ja nur im verwendeten Laufwerk nachvollziehbar sind).

# 4 Das Zitieren von Inhalten in Online-Form

## 4.1 Vielfalt und Flüchtigkeit

Online vorliegende Inhalte[143] sind mit dem Entstehen bzw. der weiten Verbreitung des *World Wide Web* (*WWW*) als ein Service im Internet zunehmend wichtiger für das wissenschaftliche Arbeiten geworden. Sowohl die Möglichkeiten der Produktion und Distribution als auch jene der Rezeption haben sich gewandelt: War es noch in den späten 1980er-Jahren allein Verlagen und speziellen Einrichtungen möglich, gedruckte Inhalte in großer Menge zu produzieren, zu verbreiten und diese anschließend über genau geregelte „Kanäle" zu vertreiben bzw. zu verkaufen, so ist diese Situation heute eine völlig andere geworden.

Jeder, der eine Form von schreibendem Zugang zum *WWW* besitzt, kann seine Texte in einer Weise in diesem Medium publizieren, dass andere diese wiederum relativ einfach recherchieren, auffinden und in unterschiedlichsten Formen weiter verwenden können. Diese Tatsache hat mit sich gebracht, dass einerseits natürlich dem Suchenden der Eindruck vermittelt wird, eine große Anzahl von Quellen augenblicklich verfügbar zu haben – andererseits hat dies aber auch dazu geführt, dass beim Verlassen der klassischen Publikationswege weitgehend jene Mechanismen entfallen sind, die zur Qualitätssicherung eingerichtet waren.[144]

Werden im wissenschaftlichen Arbeiten online vorhandene Inhalte verwendet, obliegt in vielen Fällen die Einschätzung z. B. der Kriterien der Gültigkeit, Nützlichkeit, Einordenbarkeit und Brauchbarkeit den Rezipienten. Vorteile, die sich daraus für wissenschaftlich, fachspezifisch Geübte ergeben, kehren für weniger Geübte oder relative Anfänger leicht ins Gegenteil.[145]

In der Anwendung der einschlägigen Zitierregeln ändert sich mit dem Bezug auf online verfügbare Inhalte im Grunde sehr wenig. *Zitiert* im Sinne von *wiedergegeben*

---

143 Wenn in diesem Abschnitt in weiterer Folge von „Inhalten" gesprochen wird, so sind Texte genauso gemeint wie auch Abbildungen, Graphiken bzw. alle Formen nicht textueller Inhalte.
144 Wengleich ich an dieser Stelle natürlich kritisch auf die Problematiken hinweisen muss, die die Errichtung solcher Mechanismen zur Qualitätssicherung mit sich gebracht haben. Siehe dazu vor allem *Kap. 2.2* zum *äußeren Kontext* des Zitierens.
145 ... und führen mitunter sehr schnell zu unterschiedlichen Formen von (individuell verschiedener) Überforderung.

werden schließlich Inhalte und nicht deren Erscheinungsform. Bedacht werden muss natürlich die Flüchtigkeit der (eigentlich möglichst dauerhaft gültig gehaltenen) Quellenangaben bei der Verwendung von *Links*: Inhalte, die heute auf einem Server in einem bestimmten Verzeichnis abgelegt sind, können morgen bereits an andere Orte verschoben sein. Wenige Serverbetreiber[146] garantieren sog. *stabile Links* bzw. investieren Zeit und Geld zu deren Herstellung.

Kann also die Stabilität der Zugänglichkeit wissenschaftlicher Inhalte nicht garantiert werden und sind diese Inhalte so wichtig und wesentlich für die Ergebnisse der eigenen Arbeit, dass deren Verschwinden zu einer Umbewertung führen würde, ist eine *lokale Datenkopie* (in elektronischer Form, aber auch in Papierform) wohl unumgänglich. Anderenfalls sollte darauf geachtet werden, dass die zitierten Inhalte wenigstens zur Diskussion der Arbeit[147] zugänglich sind.

## 4.2 URL, DOI, PURL und URN

Die Quellenangaben von Inhalten, die dem *WWW* entnommen sind, werden neben den üblichen bibliographischen Angaben zusätzlich durch einen *Link*[148] beschrieben. Es darf auch nicht weiter überraschen, wenn Autoren- oder Titelangaben mitunter nur schwer erkennbar sind: Diese können (und werden wohl auch in den meisten Fällen) vorhanden, können in Einzelfällen – in gleicher Weise wie bei gedruckten Werken[149] – jedoch auch nicht auffindbar sein.

Den eben angesprochenen Link betreffend ist anzumerken, dass dieser üblicherweise ohne Trenn- oder Leerzeichen umgebrochen wird. Zudem wird stets die sog. „anfragende *URL*" (techn.: *RequestURI*) – und nicht die „antwortende" (*ResponseURI*) – verwendet. Der Unterschied zwischen den beiden und letztlich der damit intendierte Sinn lässt sich an einem einfachen Beispiel sehr plakativ zeigen: Die anfragende *URL*, die einem Literaturverzeichnis entnommen sein kann

---

146 Ausgenommen davon sind natürlich vielfach spezielle archivarische Einrichtungen sowie Bibliotheken und fachliche Dokumentationsstellen.
147 Wie etwa im Rahmen eines Prüfungs- oder Begutachtungsverfahrens.
148 Z. B. dem/der URL = *Universal Resource Locator* wie http://die.wesentlichequelle.at
Zur Schreibweise dieses/dieser URL kann gleichzeitig sehr viel und wenig gesagt werden: URLs können nun mal variable, ad hoc generierte Bestandteile von Rechercheabfragen oder ganze Datenbankstrings (wie sog. *Session-IDs*) beinhalten, die die Schreibweise sehr kompliziert und mühsam machen (und für das Aufrufen der Web-Seite zudem meist irrelevant sind). Andererseits sollten Angaben aus dem/der URL möglichst so wiedergegeben werden, dass diese bei neuerlicher Eingabe zu exakt dem gleichen Ergebnis führen. Für Ungeübte ist diesbezüglich ein wenig Probieren und Testen – und darüber hinaus wesentlich der Rat von Erfahrenen – angesagt. Dieser kann hier jedoch aus verständlichen Gründen nicht der Einfachheit halber abgekürzt festgeschrieben, andererseits auch nicht in seinen sehr verwirrenden Details sinnvoll wiedergegeben werden.
149 Siehe dazu z. B. den Typus *Anonymes Werk*.

*https://permalink.obvsg.at/AC02590316*

führt direkt zu den Metadaten und letztlich über das damit angesprochene System zum Volltext des Werks „Kommunikation und Kultur". Aufmerksame Leser erkennen zudem an der Lesart, dass damit ein stabiler, permanent und dauerhaft funktionierender Link intendiert ist (*Permalink*), der sich für die Aufnahme in ein Literaturverzeichnis gut eignet.

Die antwortende URL, die nach der Eingabe der anfragenden URL und der Ausgabe des antwortenden Systems in der Adresszeile des Browsers steht,

*https://search.obvsg.at/primo-explore/fulldisplay?docid=*
*OBV_alma71363204420003331&context=L&vid=OBV&lang=de_DE*

verrät Insidern zwar einiges über das dahinterliegende System und die Art und Weise, wie dieses angesprochen werden kann, eignet sich aber aufgrund der beinhalteten variablen Anteile nicht zur weiteren Aufnahme.

Als Alternative zum Führen stabiler, permanenter Links ist der Einsatz von Systemen üblich, die in der Lage sind, gleichbleibende Dokumentennummern in jeweils aktuelle Links umzusetzen. Ähnlich einem Internetdienst zur Namensauflösung nehmen solche Systeme (engl. *Resolver*) als Anfragen eindeutig definierte, standortunabhängige und über möglichst lange Zeiträume gleichbleibende Identifikatoren (i. S. v. *Bezeichnern*; engl. *Persistent Identifier*) von (elektronischen) Dokumenten entgegen und liefern als Antwort den Link zum gewünschten Dokument zurück.

Der im Moment bekannteste und im wissenschaftlichen Bereich am weitesten verbreitete Dienst zur Auflösung von persistenten Identifikatoren ist das *DOI*-System, das Anfragen in Form von *Digital Object Identifiers* über seine Web-Schnittstellen entgegen nimmt. Ein *DOI* wird dabei in der Form von *10.1016/S0165-0114(97)00405-3* angegeben. Unter Beifügung der Bezeichnung des entsprechenden Dienstes zur Namensauflösung kann daraus folgende URL gebildet werden:

*http://dx.doi.org/10.1016/S0165-0114(97)00405-3*

Zur Aufnahme in Literaturverzeichnissen und Quellenangaben ist im Grunde das Anführen des Objektbezeichners (in diesem Fall des *DOI*) ausreichend. Bei der Verwendung weniger bekannter Dienste zur Namensauflösung sollte auch die Bezeichnung des Dienstes genannt werden bzw. das Anführen der gesamten, daraus zu bildenden URL (in der oben angeführten Form) üblich sein.[150]

Weniger verbreitet, aber im Grunde seit 1995 im Einsatz, ist die Verwendung von sog. *PURLs* (*Persistent Uniform Resource Locators*). Der Einsatz dieser Technologie zur Bereitstellung stabiler Links geht auf eine Initiative des *OCLC* (ursprünglich: *Ohio Online Computer Library Center*) zurück und sieht keine zentrale Instanz zur Umsetzung von nachgewiesenen in aktuell gültige Links vor. Im Gegensatz zur *DOI*-Organisation kommen beim *PURL*-System beliebig viele Instanzen (d. h. Internet-Server) zum

---

[150] Vgl. dazu auch die beiden Beispiele im Anhang auf den *Seiten 115 und 117*.

Einsatz, die sich um das Auflösen von Link-Anfragen kümmern. Damit liegt die Verantwortung und zugleich auch das Risiko nicht bei einer zentralen Einrichtung, sondern verteilt auf mehrere, im Grunde beliebig viele, lokale Organisationen.

Die sich aus diesem Ansatz ergebenden Umstände der lokalen Verantwortlichkeit sind mitunter schwierig einzuschätzen, da die Verwendung von *PURLs* somit abhängig von Einrichtungen ist, die – und ihre Zuverlässigkeit – man selbst vielleicht nicht kennt oder nicht in jedem Fall richtig einschätzen kann. Als praktisches Beispiel dazu kann eine jener *PURLs* genannt werden, die im Literaturverzeichnis der 2. Auflage (2006) angeführt war und im Jahr 2000 eingerichtet wurde. Leider musste bereits 2007 (also ein Jahr nach der letzten Überprüfung und gerade mal sechs bis sieben Jahre nach der Publikation) festgestellt werden, dass diese nicht mehr erreichbar war: *http://purl.lib.vt.edu/dlib/pubs/IPM1999Chen*.

Der dauerhafte Einsatz eines solchen Systems ist somit wohl eher größeren Einrichtungen vorbehalten, die in der Lage sind, auch dauerhaft einen solchen Dienst anzubieten.

Beim Anführen von Links (in einem Literaturverzeichnis oder als Beifügung zu einer Quellenangabe) wird das Vermerken des letzten Zugriffsdatums manchmal gewünscht, entbindet den Schreiber aber nicht von der Verantwortung, selbst dafür zu sorgen, jene zitierten Inhalte, die für die eigene Arbeit wesentlich sind, dauerhaft verfügbar zu halten.[151] Meinem eigenen Verständnis folgend wird hier davon ausgegangen, dass zum Zeitpunkt der Publikation sämtliche Quellenangaben, die online nachgewiesen wurden, auch zugänglich sind. Als Leser sollte man sich daher am Publikationsdatum orientieren, wenn es darum geht, die unmittelbare Verfügbarkeit von Inhalten einzuschätzen.

Beispiele zitierter, online verfügbarer Werke finden sich auch im Literaturverzeichnis am Ende dieser Arbeit wie:

> AMS, American Mathematical Society (2021): AMS Author Handbook. Überarbeitete Ausgabe (Revised) von (Februar) 2021. Amer, Providence (RI).
> *Online unter:*
> *https://www.ams.org/arc/handbook/index.html*
>
> Baeza-Yates, Ricardo & Ribeiro-Neto, Berthier (1999): Modern Information Retrieval. ACM Press, New York (NY).
> *Ausgewählte Kapitel online unter:*
> *https://web.cs.ucla.edu/ miodrag/cs259-security/baeza-yates99modern.pdf*
>
> Chen, Chaomei (1999): Visualising semantic spaces and author co-citation networks in digital libraries. In: Information Processing and Management. Volume 35. S. 401–420.
> *Online unter:*
> *https://doi.org/10.1016/S0306-4573(98)00068-5*

---

[151] In Li & Crane (2000) wird dies z. B. für die Zitierstile entsprechend den Regeln der *APA* und *MLA* vorgeschlagen. Aufgenommen wird dieser Vorschlag jedoch unterschiedlich. Eine Diskussion dazu findet sich in Runkehl & Siever (2000).

Die Quellenangaben im Text sind dabei in gleicher Art und Weise gesetzt wie bei gedruckten Texten. Nach der Harvard-Methode also entsprechend in der Kurzform *(AMS 2017, S. 23)* oder *(Chen 1999, S. 6)*.

Inhalte, zu denen sich kein spezifischer Autor finden lässt bzw. die keinen spezifischen Autor haben[152] und deren Quellenangabe im Text allein durch einen *Link* erfolgt, müssen entsprechend den Vorgaben der Harvard-Methode im Literaturverzeichnis auch nach diesem (Link) geordnet aufgelistet werden. Der hier verwendete, entsprechende Ausschnitt aus einem in dieser Weise gestalteten Literaturverzeichnis ist dem Literaturverzeichnis am Ende dieser Arbeit entnommen:

> *https://www.dfg.de/gwp: DFG, Deutsche Forschungsgemeinschaft (2013): Empfehlungen der Kommission „Selbstkontrolle in der Wissenschaft". Vorschläge zur Sicherung guter wissenschaftlicher Praxis.*
>
> *http://www.gnu.org/: Referenzseite der Free Software Foundation; s. besonders die Texte zum Lizenzmodell der GPL (= General Public Licence).*
>
> *https://www.aau.at/forschung/forschungsprofil/gute-wissenschaftliche-praxis/: Maßnahmen der Alpen-Adria-Universität Klagenfurt betreffend Plagiate in wissenschaftlichen Arbeiten.*

Andere Zitiervorschriften wie jene der *AMS* sehen sehr ähnliche Vorschläge im Umgang mit online vorliegenden Inhalten vor.[153]

*PURL*-Systeme sind zur Etablierung stabiler Links in den letzten Jahren sehr zur Minderheit geworden, und im Moment scheinen diese sich im Verschwinden zu befinden. Zudem haben sie in Europa über die Jahre nicht Fuß fassen können und waren eher in den USA verbreitet.

Dagegen sind in den vergangenen Jahren vermehrt Systeme installiert worden, die als Basis über einen *URN*-Resolver (*URN = Uniform Resource Name*) verfügen. In der Anwendung sind solche ähnlich zu den bisher genannten zu sehen, jedoch sind diese im Gegensatz zur Verwendung eines *DOI* dezentral organisiert. Das heißt, es gibt nicht eine zentrale Instanz, die in der Lage ist, eine Dokumenten-ID so aufzulösen, dass sie mit Gewissheit zum dahinter liegenden Dokument führt, sondern es gibt beliebig viele davon, die zudem untereinander nicht verbunden sind. Aus diesem Grund muss zu jeder Dokumentenbeschreibung in der Form einer *URN* bekannt sein, welcher *URN*-Resolver die dahinter liegende Quelle auflösen kann. Im besten Fall delegiert ein *URN*-Resolver bei einem Nicht-Erfolg die *URN* an weitere Dienste; dies muss jedoch nicht immer zum Ziel führen und ist somit für manche Benutzer eher verwirrend. Zudem gibt es *URN*s, die ein Dokument beschreiben und nicht dessen Speicherort, die von keinem *URN*-Resolver aufgelöst werden können, da ein passender bislang nicht implementiert wurde.

---

152 Wie z. B. institutionelle Texte, datenbankgenerierte Abbildungen, elektronische Verzeichnisse, in denen Sammlungen von Texten gespeichert werden, etc.
153 Siehe dazu z. B. auch das nach den Regeln der *AMS* gestaltete Beispiel eines Literaturverzeichnisses im Anhang in *Kap. 8.5.*

Ein Beispiel für eine solche *URN*, zu der bislang kein Resolverdienst existiert, ist *urn:isbn:3-8273-7019-1*, die über die *ISBN* des Werkes auf die 2., überarbeitete Auflage von Andrew Tanenbaums „Moderne Betriebssysteme" verweist.[154]

Im Gegensatz dazu kann die Angabe der *URN urn:nbn:de:101:1-201805227739* unter Hinzufügung des passenden *URN*-Resolvers (*https://nbn-resolving.org*) der Deutschen Bibliothek, im Moment zu folgender *URL*

*http://d-nb.info/1159940037/34*

aufgelöst werden. Da sich die *URL* des Dokuments mit Sicherheit über die Jahre ändert, wird nicht diese in der Quellenangabe (im Literaturverzeichnis) zitiert, sondern die *URN* unter Hinzufügung des zugehörigen Resolverdienstes. Dies führt zu einem Eintrag, der wie folgt lautet:

*https://nbn-resolving.org/urn:nbn:de:101:1-201805227739.*

Damit ist zur Lebenszeit des *URN*-Resolverdienstes *https://nbn-resolving.org* gewährleistet, dass das damit beschriebene Werk „Das Writing Fellow-Programm: Ein Praxishandbuch" unter der jeweils aktuellen *URL* erreichbar ist. Der entsprechende, vollständige Eintrag im Literaturverzeichnis sieht damit wie folgt aus:

*Dreyfürst, Stephanie; Liebetanz, Franziska & Voigt, Anja (2018): Das Writing Fellow-Programm. Ein Praxishandbuch zum Schreiben in der Lehre. W. Bertelsmann Verlag, Bielefeld.*
*Online unter:*
*https://nbn-resolving.org/urn:nbn:de:101:1-201805227739*

Durch die Einführung eines in der einschlägigen Literatur genannten *Dynamic Delegation Discovery Systems* (*DDDS*) könnte die Verwirrung, die entsteht, wenn zu einer *URN* kein Resolver gefunden werden kann, aufgehoben werden, indem aus den Elementen einer *URN* auf den oder die passenden Resolver geschlossen würde. Jedoch ist ein solches bislang praktisch nicht umgesetzt worden.

*URN*-Resolverdienste werden im Gegensatz zur Verwendung eines *DOI*, der hauptsächlich im Verlagswesen Anwendung findet, überwiegend von öffentlichen Einrichtungen wie Universitäten, Bibliotheken, Museen und Archiven angeboten.

## 4.3 Zum Thema Künstliche Intelligenz

An den Nutzen verschiedener, automatisierbarer digitaler Hilfsmittel haben wir uns auch im Verfassen und Zitieren von wissenschaftlichen Texten längst gewöhnt und

---

[154] Dieser Umstand mag eigenartig erscheinen. Er ergibt sich jedoch aus dem Umstand, dass mit einer *URN* ein Dokument möglichst eindeutig beschrieben wird, ohne dass dieses online erreichbar sein muss. Dem hier zitierten Beispiel, das in der einschlägigen Literatur häufig genannt wird, ist hinzuzufügen, dass eine *ISBN* prinzipiell ein eher ungünstiges Element einer *URN* darstellt, da ein und dieselbe Nummer gleichzeitig für mehrere, unterschiedliche Ausgaben ein und desselben Werkes vergeben sein kann.

sehen diese als so natürlich an, dass wir sie weiter nicht erwähnen. Wir erwähnen diese im Übrigen auch dann nicht, wenn sie wesentlich dazu beigetragen haben, unsere *eigene Leistung*, die es zumeist mit einem schriftlichen Beitrag zu dokumentieren gilt, zu verbessern. Zitieren bedeutet ja, all jenes kenntlich zu machen, das nicht von uns selbst stammt. Trotzdem nutzen wir Programme zur Textverarbeitung im Schreiben, die uns bei der Rechtschreibung unterstützen, die über das Einhalten von grammatikalischen Regeln wachen und die uns im Rahmen der Hilfsprogramme (z. B. aus dem Duden Verlag) als Mentoren zur Verfügung stehen.

Was damit verdeutlicht werden soll, ist, dass unser wissenschaftliches Arbeiten von einem gleitenden, fast übergangslosen Prozess begleitet wird, der uns im Erbringen unserer Leistung graduell unterstützt, ohne dass wir die Zuhilfenahme als *fremde* Leistung wahrnehmen. Vielmehr wird diese Form der Hilfestellung als selbstverständliche und zeitgemäße Voraussetzung angesehen. Dass in Zeiten vor dem Aufkommen des Internets der Vorgang des regelmäßigen und genauen, händisch mühsam durchzuführenden Bibliographierens einen wesentlichen Teil der eigentlichen Arbeit dargestellt hat, um innerhalb eines Forschungsfeldes am aktuellen Wissensstand zu bleiben, mag heute für viele Felder der Wissenschaft bereits völlig in Vergessenheit geraten sein. Viele Funktionen übernehmen heutzutage Suchmaschinen, die ständig automatisiert am aktuellen Stand gehalten werden, und einem damit mit wenigem Getippe und einigen Klicks nebenbei eine schier unbewältigbare Masse an Informationen bereitstellen.

In diesen Prozess haken nun Technologien ein, deren Methoden und Theorien bereits seit Jahrzehnten gründlich erforscht sind, deren Anwendungen im Herbst 2022 jedoch ungeahnt und plötzlich heftig an Fahrt aufgenommen haben: die Werkzeuge, die auf der Basis der sogenannten Künstlichen Intelligenz (KI) beruhen. Im Unterschied zu den bereits seit langem etablierten Tools agieren jene der KI nicht strikt algorithmisch, also regelbasiert, sondern basieren zumeist auf dem Training eines Neuronalen Netzes mit einer großen Anzahl an Informationen und Trainingsdurchläufen. In der Bildbearbeitung und -verarbeitung sowie der Auswertung graphischer Informationen, haben solcherlei Ansätze längst Eingang gefunden. Graphiker lassen so Fotos automatisiert nachbearbeiten, Motive freistellen oder gezielt verfremden. Mediziner bekommen Unterstützung bei der Auswertung von Röntgenbildern und solchen aus der MRT (Magnetresonanztomographie), um Krankheiten möglichst frühzeitig und effizienter zu erkennen sowie Diagnosen besser stellen zu können. Und nun sind es vor allem die text- und sprachintensiven Berufe, die Unterstützung aus der KI bekommen.

Basierend auf einem Sprachmodell wie *GPT (Generative Pre-trained Transformer)*, *LaMDA (Language Model for Dialogue Applications)*, *BERT (Bidirectional Encoder Representations from Transformers)*, *LLaMa (Large Language Model Meta AI)* oder *PaLM (Pathways Language Model)*, um die momentan aktuellsten und bekanntesten zu nennen, wurden textbasierte Dialogsysteme (engl. *chatbots*) entwickelt und der Öffentlichkeit freigegeben, mit denen ein jeder in der Lage ist, in sehr kurzer Zeit Texte zu verfassen, die zudem unterschiedlichen Sprachstilen folgen können. So ist es möglich, ein und denselben Text generieren zu lassen, der einmal im Stil einer wissenschaftlichen Arbeit erstellt ist und einmal wie ein möglichst einfach zu verstehender Gebrauchstext wirkt. Dass solche Werkzeuge auch Eingang in die Wissenschaft finden, war ob der vielen Vorteile rasch klar. Problematisch wurde dabei jedoch der Umstand angesehen, dass nicht jedes dieser Sprachmodelle, bzw. die darauf basierenden Tools, die Quellen nennen, aus denen die angefragten Inhalte generiert wurden. Wenn dieser Umstand jedoch geklärt, und klar nachvollziehbar ist, aus welchen Texten der generierte stammt, spricht im Grunde wenig dagegen, solche in weiterer Folge in die eigene Arbeit einzubinden. Dass ein Autor darauf hinweist, dass bestimmte Textteile nicht von ihm selbst stammen, sondern mittels eines dieser Hilfswerkzeuge erstellt wurde, ist durch ein wörtliches oder sinngemäßes Zitat in jedem Fall festzuhalten.

Eine Fragestellung, die einem Chatbot übergeben wird, nennt man auch im Deutschen oft (einen) *Prompt*. Die fortgesetzte Eingabe von Fragen wird als (das) *Prompting* bezeichnet. Sobald man eine Sitzung mit einem Chatbot beginnt, bildet das System einen thematischen Fokus und behält diesen über die gesamte Sitzungsdauer hinweg bei. Daher mag es in vielen Fällen sinnvoll sein, durch weiteres Nachfragen, genauere Ergebnisse im Antwortverhalten zu erzielen.

Googles Chatbot *Gemini* (vormals *Bard*) wurde für den deutschsprachigen Raum relativ spät (2024) freigegeben. Zu diesem Zeitpunkt war die Konkurrenz bereits sehr prominent mit ihren Systemen online. Als Grund für diese überraschende Verspätung wurde von Google angegeben, dass die Stabilität und die Genauigkeit im Antwortverhalten des KI-Systems bis zur geplanten Freigabe noch nicht im ausreichenden Maß gegeben waren. Mittlerweile antwortet *Gemini* gründlich und liefert auf die Frage „Was war der Reichstagsbrand?" folgendes, tadellos strukturiertes, Ergebnis:

> *„Der Reichstagsbrand war ein Brand des Reichstagsgebäudes in Berlin in der Nacht vom 27. auf den 28. Februar 1933. Er war ein zentrales Ereignis in der Geschichte des Dritten Reichs, da er den Nationalsozialisten maßgeblich dabei half, die Weimarer Republik in eine Diktatur umzuwandeln.*
> *Ursache und Täter:*
> *Die Ursache des Brandes war Brandstiftung. Am Tatort wurde der niederländische Kommunist Marinus van der Lubbe festgenommen. Er gestand, den Brand allein gelegt zu haben. Die Nationalsozialisten bezichtigten jedoch auch die Kommunistische Partei Deutschlands (KPD) der Brandstiftung, um gegen sie vorzugehen.*
> *Der Reichstagsbrand hatte weitreichende Folgen:*
> *Notverordnung: Am 28. Februar 1933 erließ Reichspräsident Paul von Hindenburg die ‚Verordnung zum Schutz von Volk und Staat', die als Reichstagsbrandverordnung bekannt wurde. Diese Verordnung setzte Grundrechte der Weimarer Verfassung außer Kraft, wie die Freiheit der Person, die Meinungs- und Versammlungsfreiheit.*
> *Verfolgung der Kommunisten: Die Nationalsozialisten nutzten den Reichstagsbrand als Vorwand, um*

4.3 Zum Thema Künstliche Intelligenz

*die KPD und andere politische Gegner zu verfolgen. Tausende Menschen wurden verhaftet, inhaftiert und misshandelt.*

*Machtanstieg der NSDAP: Die Nationalsozialisten nutzten die Unsicherheit und Angst nach dem Reichstagsbrand, um ihre Macht zu festigen. Bei der Reichstagswahl am 5. März 1933 gewannen sie die absolute Mehrheit der Sitze.*

*Etablierung der Diktatur: In den folgenden Monaten und Jahren schalteten die Nationalsozialisten alle demokratischen Institutionen aus und errichteten eine Diktatur.*

*Kontroversen:*

*Die Umstände des Reichstagsbrands sind bis heute umstritten. Es gibt verschiedene Theorien darüber, wer den Brand tatsächlich gelegt hat und ob die Nationalsozialisten den Brand selbst inszeniert haben, um an die Macht zu gelangen." (Gemini vom 20. März 2024)*

An die Ausgabe anschließend werden folgende Quellen genannt, die laut dem KI-System mit der Antwort in einem engen Zusammenhang stehen und denen zur Fragestellung weiterführende Informationen entnommen werden können:

*https://de.wikipedia.org/wiki/Reichstagsbrand*
*https://www.dhm.de/en/*
*https://www.bpb.de/kurz-knapp/hintergrund-aktuell/265402/reichstagsbrand-auf-dem-weg-in-die-diktatur/*

Um eine kürzere Anwort zu erhalten, muss die Eingabe erweitert oder die Fragestellung von vornherein mit Einschränkungen wie „Antworte in zwei bis drei Sätzen" versehen werden. Mit einem solchen Zusatz kürzt *Gemini* die Ausgabe auf folgenden Text:

*„Der Reichstagsbrand war ein zentrales Ereignis in der Geschichte des Dritten Reichs. In der Nacht vom 27. auf den 28. Februar 1933 brannte das Reichstagsgebäude in Berlin. Die Nationalsozialisten nutzten den Brand als Vorwand, um die Kommunistische Partei Deutschlands zu verfolgen und ihre Macht zu festigen. Der Reichstagsbrand trug zur Etablierung der Diktatur in Deutschland bei." (Gemini vom 20. März 2024)*

Auf dieselbe Anfrage „Was war der Reichstagsbrand?" liefert *BingAI* (ohne Einschränkung auf den Umfang der Ausgabe) aktuell eine Antwort in der Länge von 8 Sätzen in 11 Zeilen:

*„Der Reichstagsbrand war der Brand des Reichstagsgebäudes in Berlin in der Nacht vom 27. auf den 28. Februar 1933. Dieser Brand beruhte auf Brandstiftung. Am Tatort wurde Marinus van der Lubbe festgenommen, der darauf beharrte, den Reichstag allein in Brand gesetzt zu haben.*

*Die politischen Folgen des Reichstagsbrands waren bedeutend: Bereits am 28. Februar 1933 wurde die Reichstagsbrandverordnung erlassen, die die Grundrechte der Weimarer Verfassung de facto außer Kraft setzte und den Weg für die legalisierte Verfolgung der politischen Gegner der NSDAP durch Polizei und SA ebnete1. Die Gefängnisse waren bald überfüllt, und es entstanden improvisierte Haftorte, die als ‚wilde' oder ‚frühe' Konzentrationslager bezeichnet wurden.*

*Die Täterschaft des Reichstagsbrands ist bis heute umstritten. Während Marinus van der Lubbe darauf beharrte, allein verantwortlich zu sein, vermuten Kritiker der Alleintäterthese eine unmittelbare Tatbeteiligung der Nationalsozialisten. Die politische Bedeutung dieses Ereignisses war jedoch unbestreitbar und markierte eine entscheidende Etappe in der Errichtung der nationalsozialistischen Diktatur." (BingAI vom 20. März 2024)*

Als Belege für diese Antwort werden von *BingAI* folgende Quellen angeführt, die denen von *Gemini* weitestgehend entsprechen:

> *https://de.wikipedia.org/wiki/Reichstagsbrand*
> *https://www.bpb.de/kurz-knapp/hintergrund-aktuell/265402/reichstagsbrand-auf-dem-weg-in-die-diktatur/*
> *https://www.studysmarter.de/schule/geschichte/nationalsozialismus/reichstagsbrand/*

*ChatGPT* beantwortet dieselbe Frage ähnlich umfangreich. Die 5 Sätze in 10 Zeilen der Antwort lauten:

> „*Der Reichstagsbrand war ein Feuer, das am 27. Februar 1933 im Reichstagsgebäude in Berlin, Deutschland, ausbrach. Der Reichstag war das Parlamentsgebäude, in dem die Gesetzgebung des Landes stattfand. Das Feuer zerstörte große Teile des Gebäudes. Die Nationalsozialisten unter der Führung von Adolf Hitler nutzten das Ereignis als Vorwand, um politische Gegner zu verfolgen und ihre Macht zu festigen. Sie beschuldigten die Kommunisten, das Feuer gelegt zu haben, und nutzten dies als Rechtfertigung für die Verabschiedung des Reichstagsbrandverordnung, die grundlegende Bürgerrechte außer Kraft setzte und es den Nationalsozialisten ermöglichte, politische Gegner ohne Gerichtsverfahren zu verhaften und zu verfolgen. Es wird jedoch bis heute kontrovers diskutiert, ob die Nationalsozialisten selbst das Feuer gelegt haben, um ihre politische Agenda voranzutreiben.*" (ChatGPT vom 20. März 2024)

Belege für diese Antwort liefert ChatGPT (in der frei zugänglichen Version 3.5) zum Zeitpunkt der Abfrage keine. Aus welchen Quellen diese gespeist wurde, bleibt damit vorerst völlig im Dunkeln. Der Wahrheitsgehalt muss daher in einer eigenen, klassischen Suche ermittelt und eingehend überprüft werden. Momentan scheint die Problematik um den Wahrheitsgehalt vieler Antworten eine der zentralen Kritikpunkte an der Verwendung solcher Werkzeuge zu sein, da dieser stets kritisch hinterfragt werden muss. Stilistisch einwandfreie Texte, die in äußerst kurzer Zeit (in wenigen Sekunden) generiert werden können, dürfen nicht darüber hinwegtäuschen, dass diese inhaltlich auch falsch oder zumindest häufig *nicht ganz richtig* sein können. Manche Autoren schreiben in diesem Zusammenhang davon, dass solcherlei Werkzeuge der KI häufig „halluzinieren" würden. Das meint, dass sie auf der Basis von Texten, die durchaus richtige und stimmige Inhalte repräsentieren, zu falschen Aussagen kämen.

Trotzdem haben solche Tools in kurzer Zeit Eingang in das Schreiben im Allgemeinen sowie in den Bildungsbereich und die Wissenschaft im Besonderen gefunden und haben dort vielfach auch ihre Berechtigung, da sie im Schreibprozess durchaus sinnvoll eingesetzt werden können. Sei es, dass damit ein kurzer Ausgangstext erstellt wird, um den thematischen Einstieg in die eigene Arbeit zu gestalten oder gar zu erleichtern, dass der vielfach bekannten *Angst vor dem weißen Blatt*, die zu Schreibblockaden führen kann, erfolgreich begegnet wird, oder dass in der Literatur aufgefundene Ansätze kritisch hinterfragt werden müssen und damit ein schneller Überblick über eine im Anschluss zu führende Diskussion hergestellt wird.[155]

Tools der KI erstellen (generieren auf der Basis einer großen antrainierten Menge von Daten) aber nicht nur Texte. Sie können Texte auch zusammenfassen, grammatikalisch verbessern und stilistisch anpassen. Gelingt dies nicht nur im Einzelfall, sondern gar in der Regel, so sind diese Tools in jedem Fall eine große Hilfe und sicherlich bald Teil dessen, was wir heutzutage Textverarbeitung nennen.[156]

---

155 Bezogen auf den Unterricht im Allgemeinen und den Hochschulunterricht im Speziellen findet sich dazu eine aktuelle Besprechung der Sachlage in Gimpel u. a. (2023). Die rechtliche Perspektive beleuchten aktuell z. B. Leschke & Salden (Hrsg.) (2023).
156 Beispiele dafür zu nennen, erscheint zum Zeitpunkt der Drucklegung dieses Werkes als wenig nützlich. Der Markt im Bereich der KI-Werkzeuge ist seit Monaten im steten Wandel begriffen. Viele davon tauchen wie ein Phönix aus der Asche auf, um wenig später wieder gänzlich zu verschwinden oder anderweitig inkorporiert zu werden. Daher gilt es abzuwarten, bis mehr Stabilität in diesen Bereich eingekehrt und absehbar geworden ist, welche Ankündigungen und Produktversprechungen letztlich tatsächlich eingehalten werden können. Eine kurze Übersicht zum aktuellen Stand findet sich z. B. in Wiegand (2023, S. 122–123).

# 5 Das Zitieren mit Softwareunterstützung

Viele aktuelle Versionen der gängigen Textverarbeitungs- und Satzprogramme unterstützen Autoren wissenschaftlicher Arbeiten beim Verwalten von Zitaten und deren zugehörigen Quellenangaben sowie beim Erstellen und dauerhaften Aktualisieren und Korrigieren („*pflegen*") von Literaturangaben in Verzeichnissen (Literaturverzeichnissen, Bibliographien). Zudem ist das typographische Erscheinungsbild innerhalb der erstellten Texte einheitlich durch sog. Stilangaben bzw. Stildefinitionen (*Styles*) steuerbar.

Wesentlich ist für den Einsatz und die Auswahl von Software im wissenschaftlichen Arbeiten jedoch, dass der relativ hohe Anteil an formaler Inhaltsverwaltung durch ein entsprechendes Programm erledigt werden kann.[157]

## 5.1 Rahmenbedingungen und Grundlagen

Ein wesentlicher Ausgangspunkt vieler umfangreicher wissenschaftlicher Arbeiten ist für einen Autor das Literaturverzeichnis, das im Wesentlichen die Angaben zu den zitierten bzw. verwendeten Werken enthält.

Die Erstellung und dauerhafte Wartung[158] eines solchen ist zumeist sehr zeitraubend und aufgrund des hohen Anteils an rein formalen (nicht inhaltlichen) Informationen ziemlich fehleranfällig. Um zumindest diesen Umständen effektiv begegnen zu können – das heißt, den formalen Aufwand zu minimieren und die

---

157 Zu bedenken ist an dieser Stelle natürlich der nicht zu unterschätzende zeitliche, personelle und mitunter auch finanzielle Aufwand, der entsteht, wenn sich während oder nach dem Abfassen umfangreicher wissenschaftlicher Arbeiten zeigt, dass die eingesetzte Software den Erwartungen nicht oder nur sehr schlecht entspricht.
So zeigt sich, dass vor allem jene Programme, die sich aktuell am Markt befinden und als besonders benutzerfreundlich gelten, gerade der Verarbeitung von umfangreicheren (wissenschaftlichen) Texten (mit einem Umfang ab ca. 100 Seiten) am wenigsten gewachsen sind – während hingegen frei erhältliche Satzprogramme, die ein wenig mehr Einarbeitung voraussetzen, mit wesentlich umfangreicheren Texten problemlos zurechtkommen. Ich erinnere an dieser Stelle z. B. an das bereits erwähnte LaTeX.

158 Damit meine ich hauptsächlich den Umstand, dass im Zuge von Fehlerkorrekturen sowie durch das Hinzufügen weiterer bibliographischer Informationen ein regelmäßiges „Update" der Einträge möglich sein muss.

(zumindest formale) Fehlerhäufigkeit dauerhaft zu senken –, sollten Literaturverzeichnisse nicht in jeder neuen Arbeit neu erstellt werden, sondern deren Einträge aus einer lokalen Literaturdatenbank generiert und nur dort selbst verwaltet werden.

Die einfachste und effizienteste Methode, die sich dafür anbietet, ist das Führen sog. *strukturierter Textlisten*, in denen durch Trennzeichen abgeteilt kategorisierte Informationen zu den formalen Inhalten des konkret zu erstellenden Literaturverzeichnisses abgelegt sind. In vielen Fällen genügt die Definition der fünf grundlegenden bibliographischen Kategorien[159] sowie ein einfacher Zeilenvorschub als Trennzeichen. Die sich daraus ergebende Struktur bedeutet, dass pro Zeile – natürlich in gleichbleibender Reihenfolge – Informationen aufeinander folgen, die durch ein Skript (*Makro*)[160] ganz gezielt angesprochen werden können. Das heißt, die Literaturverzeichnisse einer Arbeit sprechen eine (Teil-)Menge einer vorhandenen Textliste an (sie referenzieren diese) und entstehen erst durch Skriptaufruf quasi *generisch*.[161]

Dieser Methode folgen viele Ansätze, da auch relativ umfangreiche, strukturierte Verzeichnisse mit den heute zur Verfügung stehenden, durchschnittlichen PCs effizient und im Wesentlichen ohne Anschaffung von Zusatzsoftware bewältigt werden können.[162] Besonders ist an dieser Stelle wiederum auf das frei verfügbare Satzprogramm LaTeX[163] hinzuweisen, das von sich aus in der Lage ist, solcherart

---

159 Die fünf häufigsten Kategorien bibliographischer Information sind *Autor, Titel, Verlag, Ort, Jahr*. Zur Bearbeitung umfangreicher Literaturverzeichnisse wird sinnvollerweise das Führen weiterer Kategorien empfohlen.

160 Im Internet finden sich dazu wahllos viele, verschiedenste Beispiele, die in den gängigen Skriptsprachen für die meisten Betriebssysteme/Textverarbeitungsprogramme realisiert sind.

161 Zur effektiveren Verwendung und um die Möglichkeiten wesentlich komplexerer Auswertungen solcher strukturierten Textlisten zu schaffen, ist das Führen von Kategorienbezeichnern sinnvoll. Dabei wird am Beginn jeder Zeile durch Abkürzungen hinzugefügt, welchen Inhalt (*Autor, Titel, Verlag, Ort* oder *Jahr*) die Zeile eines Eintrages repräsentiert.
Mit dem Führen von Kategorienbezeichnern werden einerseits Leerzeilen verhindert. Wenn keine Kategorienbezeichner geführt werden, gilt ja die Konvention, dass z. B. immer die dritte Zeile den Eintrag zum Verlag beinhaltet – und wenn im Fall des Falles kein Verlag vorhanden ist bzw. ermittelt werden konnte, muss für den Eintrag eine Leerzeile stehen.
Andererseits ist die Reihenfolge der Einträge nicht mehr von Belang, da ausschließlich der Anfang und das Ende eines jeden Literatureintrages erkennbar sein muss, aus dem die Inhalte der betreffenden Kategorien durch die Referenz auf ihren Bezeichner gewonnen werden.

162 Die Möglichkeiten der Volltextsuche sowie verschiedener Sortiermethoden sind auch für größere Textmengen sequenziell in ansprechbarer Zeit anwendbar, sodass hier wohl oft auf eine komplexere Indizierung der Literatureinträge im vorhandenen Datensatzformat verzichtet werden kann.

163 Bzw. sein kongenialer, korrespondierender Teil BibTeX, mit dem sich besser „menschenlesbare" und insgesamt leichter handhabbare Formen von Literaturlisten für LaTeX verwalten lassen.

strukurierte bibliographische Daten ohne Mehraufwand in fertig formatierte und angepasst layoutierte Literaturverzeichnisse zu verwandeln.[164]

Der zeitliche Aufwand, der bei der Erstellung eines lokalen Literaturverzeichnisses zu bewältigen ist, lässt sich dadurch verkleinern, dass die Einträge aus frei verfügbaren bzw. offen (allgemein) zugänglichen bibliographischen Datenbanken[165] genützt werden. Im einfachsten Fall reicht dazu ein Markieren, Kopieren und Einfügen – also über die (graphischen) Schnittstellen der Betriebssysteme – aus den bibliographischen Datenbanken in die entsprechende Software zur weiteren Textverarbeitung der so erfassten „Rohdaten".

Zu beachten ist dabei, dass in vielen bibliographischen Datenbanken unterschiedliche und eventuell für den Benutzer frei konfigurierbare Anzeigemodalitäten vorhanden sind. Diese sind im Vorfeld des Kopiervorganges sinnvollerweise zu klären, da eine geschickte *Anzeigeparametrisierung* (= Einstellung der Anzeigemodalitäten) im Vorfeld den Aufwand für ein Nachbearbeiten minimieren kann. Zudem stellen manche Datenbankanbieter Anzeigeformate zur Verfügung, die ein direktes Einfügen in diverse Softwareprodukte ohne Nachbearbeitung ermöglichen.[166]

Eine nicht unwesentliche Rolle im Austausch bibliographischer Daten (zum Führen lokaler Literaturdatenbanken) spielt die Tatsache, dass bibliographische Daten oft in sog. Austauschformaten vorliegen, angezeigt werden können oder als solche in Datenbanken direkt speicherbar sind. Zu diesen zählen im Wesentlichen das für den deutschen Sprachraum einstmals wichtige *MAB*-Format sowie das Format *MARC*, das einst im angelsächsischen und skandinavischen Raum Verbreitung fand und sich heutzutage weltweit durchsetzt.[167] Mit diesen beiden Formaten wird – unabhängig von der jeweiligen Systemumgebung – gewährleistet, dass gleiche bibliographische Daten dem Benutzer (sowohl bei der Anzeige als auch beim Export der konkreten Daten) in der selben Art vermittelt werden.

Skripts zur weiteren Verarbeitung von bibliographischen Informationen, die durch die Nutzung von Austauschformaten gewonnen werden, finden sich für viele unterschiedliche Anwendungen zur lokalen Weiterverarbeitung innerhalb von Textverarbeitungs- und/oder Satzprogrammen in großer Anzahl im *Web*.

---

164 Wenngleich hier nicht der Eindruck entstehen darf, dass im Fall von LaTeX eine dermaßen einfache Verwaltung von Literatureinträgen auch tatsächlich zur konkreten Anwendung gelangt. Vielmehr werden die konkreten Einträge – wie im Text weiter unten erläutert (s. v. a. *Kap. 5.2.2*) – durch Kategorienkennungen erweitert. Dieser Umstand schafft dauerhaft größere Flexibilität und mehr Möglichkeiten, sinnvoll Qualitätskontrollen durchführen zu können.
165 Dazu eignen sich natürlich in der Regel Bibliothekskataloge genauso wie speziellere (Fach-) Bibliographien.
166 In einigen bibliographischen Datenbanken wird dabei von der Anzeige in der *Zitierform* gesprochen. Beispiele zu Abbildungen aus bibliographischen Datenbanken, mit denen Recherche-Ergebnisse in Zitierformaten angezeigt und im Weiteren übernommen werden können, finden sich im Anhang (s. z. B. *Abb. 8.1* sowie *Abb. 8.4*).
167 Eine Beschreibung dieser beiden Formate findet sich z. B. in Jele (2001, S. 31–36).

## 5 Das Zitieren mit Softwareunterstützung

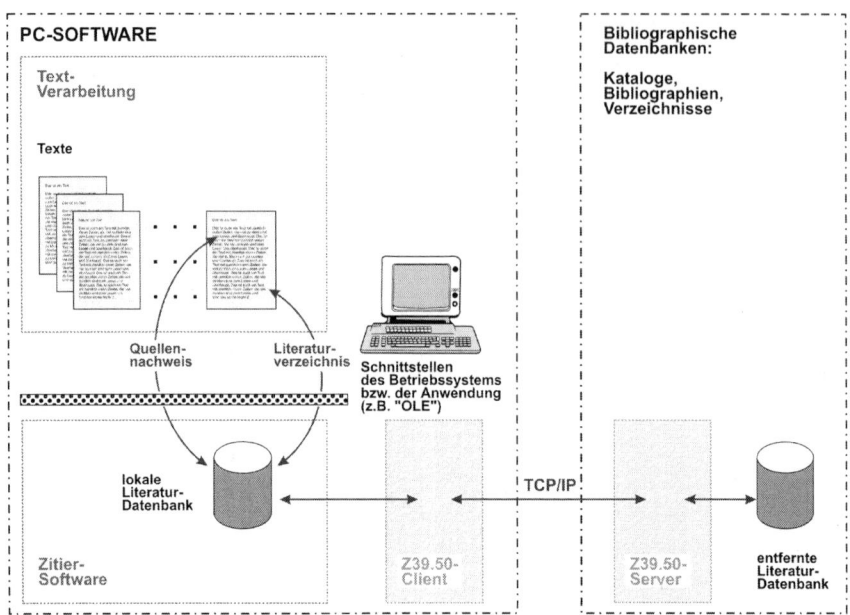

**Abb. 5.1:** Darstellung einer „typischen" Integration von Zitiersoftware.

Effizientere Möglichkeiten für das Erstellen und Führen lokaler Literaturdatenbanken ergeben sich mit der Nutzung spezieller, standardisierter Schnittstellen, die zum Austausch bibliographischer Informationen vorgesehen sind. Dabei wird mittels eines integrierten Programmteiles eine Online-Verbindung zu einer zu nutzenden Literaturdatenbank hergestellt, über diesen Programmteil selbst die Abfrage in der entfernten Datenbank durchgeführt und die in Frage kommenden bibliographischen Informationen lokal in einem zu definierenden Format gespeichert. Relativ weit verbreitet ist dabei die Nutzung der durch *ISO* standardisierten Schnittstelle *Z39.50*, für die sowohl freie[168] , kostenlose *Clients* als auch kommerzielle, kostenpflichtige Versionen verfügbar sind. Über standardisierte Schnittstellen lassen sich zudem aufwändige, komplexe und gleichzeitig doch zeitsparende Update-Verfahren lokaler Literaturdatenbanken zum Zweck deren Erweiterung, aber auch zur Qualitätssteigerung realisieren.

Wichtig ist beim Einsatz und bei der Auswahl solcher Client-Programme, dass neben den Möglichkeiten des *Retrievals* (der Suche) berücksichtigt wird, welche

---

168 „Frei" hier i. S. v.: für den Benutzer die Möglichkeit der Anwendung bietend, ohne einschränkende Lizenzverpflichtungen beachten zu müssen. Als „besonders frei" sind in diesem Sinne Programme zu sehen, die unter dem Lizenzmodell der *GPL* (= *General Public Licence*) publiziert sind; vgl. dazu insbesondere http://www.gnu.org/ bzw. die dort angeführten Lizenzmodelle der *FSF* (*Free Software Foundation*).

## 5.1 Rahmenbedingungen und Grundlagen

Methoden zur lokalen Speicherung vorhanden sind. Wird z. B. die lokale Literaturdatenbank anhand strukturierter Textlisten abgebildet, so sollte überprüft werden, ob der in Frage kommende (Z39.50-)Client in der Lage ist, selektierte bibliographische Daten in eine solche Textliste ohne (große) Nachbearbeitung einzufügen. Wird die lokale Literaturdatenbank jedoch innerhalb einer (entsprechend indizierten) relationalen oder hierarchischen Datenbank abgebildet, sollte die eingesetzte Clientsoftware dafür direkt importfähige Datenstrukturen bereitstellen oder die Daten direkt importieren können.[169]

Neben diesen – manchmal durch die Benutzer selbst völlig individuell realisierten – Methoden zur Verwaltung lokaler Literaturdatenbanken besteht die Möglichkeit, dafür kommerzielle, lizenzpflichtige Produkte einzusetzen, die die eben beschriebenen Vorgehensweisen unterstützen und deren Funktionalitäten sich in die verwendete Textverarbeitungssoftware als Zusatz „einbetten".[170]

Das heißt, in den allermeisten Fällen sind die Funktionen der Zitiersoftware direkt aus den Textverarbeitungsprogrammen erreichbar bzw. aktivierbar, sodass die eingesetzte Zusatzsoftware sich für den Benutzer[171] wie eine Funktionserweiterung der eingesetzten Textverarbeitungssoftware darstellt.[172] Die gängigen kommerziellen, sich derzeit am Markt befindenden Produkte leisten im Grunde fast alle eben beschriebenen Verfahren zur Produktion von Literaturverzeichnissen unter Einbeziehung der einem Benutzer zugänglichen bibliographischen Datenbanken.

Neben dem Führen eines oder mehrerer Literaturverzeichnisse ist die Aufgabe unterstützender Software das Generieren und Verwalten der entsprechenden Quellenangaben zur zitierten Literatur. Dabei werden – den verwendeten Formvorschriften entsprechend in Kurz- oder Langform – aus den gleichen Angaben[173], aus denen das Literaturverzeichnis gebildet wird, die dem Zitat hinzuzufügenden Quellenangaben generiert und programmintern dauerhaft in einer Weise „referenziert", sodass sich Änderungen, Korrekturen oder Erweiterungen im (lokal gespeicherten) Datenpool neben deren konkreten Ausprägungen im Literaturverzeichnis auch direkt auf die daraus gebildeten Quellenangaben auswirken.

Der Sinn und Zweck, der sich im Wesentlichen mit der Referenzierung zwischen Einträgen im Literaturverzeichnis und jenen in den Quellenangaben verbindet,

---

169 Zu bedenken bleibt allerdings der nicht zu unterschätzende formale Aufwand, der bei einem Verfahren wie diesem notwendig ist. In wissenschaftlichen Arbeiten, die gelegentlich fortgeführt werden oder die zeitlich abgeschlossen stattfinden, ist ein Aufwand wie dieser wohl für die Betreiber zu groß und eher als belastend denn als hilfreich einzuschätzen.
170 Auch im Deutschen hat sich für Erweiterungen von Softwareprogrammen als *Terminus technicus* das engl. Wort *Plug-in* oder *Add-on* durchgesetzt.
171 In diesem Fall ist der *Benutzer* der *Schreiber* eines Textes.
172 Siehe dazu auch die konkreten Anwendungsbeispiele in den folgenden Abschnitten.
173 Die ja in entsprechend strukturierter Form vorhanden (lokal gespeichert) sind.

besteht darin, dass auf diese Weise in der elektronischen Form des Textes[174] einerseits aus der Quellenangabe durch Bildung eines *Datenlinks* das entsprechende bibliographische Vollzitat gezeigt werden kann, andererseits bietet die *Verlinkung* in der umgekehrten Richtung[175] Möglichkeiten zur Auswertung der eigentlich angesprochenen (zitierten) Stellen der angeführten Literatur.

Werden den Quellenangaben Positionsangaben (Seitenzahlen) hinzugefügt, innerhalb derer sich das Zitat im entsprechenden Text findet, so müssen diese eigentlich in jedem Fall händisch der generierten Quellenangabe hinzugefügt werden.[176]

Die Unterstützung der Zitiervorgänge im wissenschaftlichen Arbeiten durch entsprechende Software sollte zudem so eingerichtet sein, dass Möglichkeiten bestehen, ganze Zitatinhalte extern verwalten und darauf so verweisen zu können, dass erst bei der Kompilierung (Zusammenstellung) des Textes diese Zitatstellen automatisch eingefügt und mit der entsprechenden Kennzeichnung[177] versehen werden. Ansätze solcher Verwaltungshilfen für die Einbindung externer Textteile bieten auch einfache Textverarbeitungsprogramme, die in der Lage sind, sog. *Textbausteine* zu bilden, zu speichern und in andere Texte einzubinden.[178]

Vorteilhaft wirkt sich eine solche Vorgehensweise aus, wenn eine größere Menge an Primärliteratur als belegendes Quellenmaterial zu einer wissenschaftlichen Arbeit herangezogen und darauf Bezug genommen werden muss.[179] Werden in ei-

---

174 Der sich für den Benutzer (Leser) in den meisten Fällen als *HTML-Text* im Web-Browser oder im Format *PDF* in einem sog. *Reader* (= ein Software-Produkt zum Lesen/Betrachten spezieller Datenformate) darstellt. In beiden Formen ist die Verwendung von *Hyperlinks* möglich.
175 Nämlich vom bibliographischen Vollzitat im Literaturverzeichnis zu den angesprochenen Quellenangaben und damit zu den eigentlichen Zitatstellen im Text.
176 Das Hinzufügen von Seitenzahlen als Positionsmarken der Stellen zitierter Textteile ist zwar in vielen Wissenschaftsdisziplinen üblich und für jeden Leser des entsprechenden Werkes hilfreich – keinesfalls jedoch in jedem Fall obligatorisch (siehe dazu auch die Abschnitte *Exaktheit* und *Nachvollziehbarkeit* vs. *Einfachheit* und *Praktikabilität* in Kap. 2.1).
177 Sei es, dass Textteile in Zitaten wörtlich oder eben sinngemäß übernommen wurden – die formale Kennzeichnung muss entsprechend den heranzuziehenden Formvorschriften eingefügt werden.
178 Zu beachten ist dabei, dass das Einbinden extern gespeicherter Textbausteine entweder *statisch* oder *dynamisch* erfolgen kann. Beim statischen Einbinden ist zu beachten, dass Inhalte in den Text eingefügt werden, ohne die Information über die physikalische Quelle des Textes (sozusagen den *Link*) mitzuspeichern. Werden beim statischen Einbinden Veränderungen in den referenzierten (eingebundenen) Texten vorgenommen, so können demnach diese Veränderungen auch nicht im eingefügten Text nachgezogen werden. Das Programm kennt nach dem erfolgten Einbinden die Quelle des Textbausteins nicht mehr.
Anders erfolgt die Referenzierung im Fall der dynamischen Einbindung: Jedes *Kompilieren* (ev. auch das *Neuladen* oder *Speichern*) eines Textes bildet den aktuellen Stand der externen Textquellen neu ab.
179 Typisch ist diese Vorgehensweise natürlich in den historischen (dabei dienen z. B. *Urkunden*, die einer Nachbearbeitung, Kommentierung oder Übersetzung bedürfen, als Quellenmaterial) und geisteswissenschaftlichen (dabei besonders den philologischen), aber z. B. auch in den rechtswissenschaftlichen Fächern (in denen mitunter wesentliche Textteile von Verträgen, Durchführungsverordnungen o. ä. zitiert werden müssen).

nem solchen Fall die zu zitierenden Textquellen extern (einmal) erfasst, gespeichert und diese mehrfach referenziert, führt das möglicherweise umfangreiche Nacharbeiten (Korrigieren, Erweitern) dieser Zitatstellen letztlich dazu, dass diese Arbeit im Idealfall nur einmal durchgeführt werden muss. Eine solche Vorgehensweise wirkt demnach deutlich arbeitsreduzierend und gleichzeitig qualitätssteigernd.

Als Nachteil kann bei dieser Vorgehensweise angesehen werden, dass im Umgang mit umfangreichen Texten ein möglicherweise großer Arbeitsaufwand zu bewältigen ist[180] – dem in vielen Fällen z. B. durch das Verwalten gescannter Texte als Bildinformation (d. h. in einem Datenformat, das *Bildpunkte* anstelle von Buchstaben repräsentiert)[181] entgangen werden kann.

## 5.2 Ausgewählte Anwendungsbeispiele

Die Entscheidung, ob wissenschaftliches Arbeiten durch Software unterstützt werden kann und wenn ja, in welcher Weise, wie intensiv und unter Einsatz welcher Produkte, ist nicht immer durch das Forschungsvorhaben selbst, sondern vielmehr durch dessen Rahmenbedingungen vorgegeben.

Forschung, die finanziert und möglicherweise über einen längeren Zeitraum durchgeführt werden soll/muss, kann von (technischen und finanziellen) Problemen entlastet werden, wenn Software eingesetzt wird, deren Hersteller garantiert, dass z. B. die vorgegebenen, internen Datenformate nicht geändert werden[182], die Software auch über einen längeren Zeitraum gewartet wird und damit stabil vorhanden (verfügbar) ist, diese zudem offen gelegte, klar definierte Schnittstellen zu anderen Programmen bietet sowie auf unterschiedlichsten Hardware- und Softwareplattformen installierbar ist. Sind einige oder gar viele dieser Aspekte wesentlich für das konkrete Forschungsvorhaben, ist der Einsatz sog. *freier Software* ernsthaft zu überlegen.

Andererseits nützt einem Forschenden die Entscheidung für freie und eventuell kostenlos verfügbare Software wenig, wenn diese dem gesamten übrigen Forschungsumfeld widerspricht. Diesbezüglich ist im Vorfeld klarzustellen, ob zwi-

---

180 Mit dem Transkribieren von Texten stellen sich meist umfangreichere Probleme ein, die z. B. die Übernahme der konkreten Schreibweise, zu kommentierende, semantische Konventionen, die im Text vorhanden sind, oder aber auch verschiedenste (einzel-)sprachliche Phänomene meinen.
181 Die im Bedarfsfall textuell kommentiert werden.
182 Ich denke, ein jeder kennt das nicht zu unterschätzende Problem, dass bestimmte Informationen elektronisch in Datenformaten vorhanden sind, die einem selbst nicht immer ohne weiteres Zutun (Zukauf von Produkten) zugänglich sind. Im besten Fall der Veränderung interner Datenformate bleiben die eigentlichen Daten zugänglich und es ändern sich (durch einen Programmversionswechsel) nur deren Eigenschaften (deren Aussehen wie z. B. die Formatierung eines Textes).

schen den einzelnen Forschern ein kleinster gemeinsamer Nenner gefunden werden kann oder ob das gesamte Forschungsteam, das über Software zusammenarbeitet, homogen mit den gleichen (kommerziellen oder freien) Produkten ausgestattet werden muss.[183]

Neben den beiden in weiterer Folge vorgestellten Beispielen haben sich in den letzten Jahren eigentlich unüberschaubar viele Produkte angesiedelt, die vor allem aus privaten Initiativen und Softwareprojekten hervorgegangen sind. Dabei hatten die meisten zum Ziel, auf eine Zitateverwaltung zu verzichten und mittels moderner Internettechnologien einfache Werkzeuge zu erstellen, mit denen allein die Literaturverwaltung erledigt werden kann. Dass die Umsetzung dieser Ansprüche gelungen ist und viele Anwender auf sich gezogen hat, zeigt ihre weite Verbreitung sowie ihre häufige Installation. Als besonders interessant kann an dieser Stelle das Programm Zotero genannt werden, das in drei Komponenten realisiert ist: 1. mit einem installierbaren Client werden Literaturangaben und Volltexte verwaltet, 2. mit einer Erweiterung zum verbreiteten Web-Browser Firefox werden die bibliographischen Daten direkt den entsprechenden Web-Seiten (den Katalogen, Verzeichnissen, Bibliographien, E-Books, elektronischen Zeitschriften etc.) entnommen und 3. mit einer Erweiterung für die gängigen Textverarbeitungsprogramme werden die Zitierstellen verwaltet und die Literaturverzeichnisse generiert. Diesem ist im Weiteren ein kurzes Kapitel (5.2.3) gewidmet.

## 5.2.1 Beispiel unter Verwendung kommerzieller Produkte: EndNote in Kombination mit LibreOffice

Zu betonen ist an dieser Stelle, dass die hier angeführten Beispiele rein darstellenden, plakativen Charakter haben und keinesfalls als Empfehlungen oder gar Wertungen zu sehen sind.

Laut Hersteller ist EndNote das am häufigsten eingesetzte Produkt zur Verwaltung bibliographischer Informationen und ist in Kombination mit vielen der gängigen Textverarbeitungsprogramme[184] verwendbar.

---

183 Dabei ist auch bei kommerziellen Produkten darauf zu achten, dass mitunter bereits verschiedene Versionen des gleichen Produktes besondere Eigenheiten zeigen können, die eine möglichst enge Zusammenarbeit stören oder gar behindern.
184 Das zumindest meinem Eindruck entsprechend am häufigsten genutzte Textverarbeitungsprogramm wurde bewusst nicht als Beispiel herangezogen. Einerseits möchte ich dessen Einsatz für umfangreiche wissenschaftliche Arbeiten nicht empfehlen, andererseits will ich nicht einer jener sein, der den Eindruck vermittelt, dass diese – nicht genannte und gleichzeitig wohlbekannte – Software die Textverarbeitung „schlechthin" sei.

## 5.2 Ausgewählte Anwendungsbeispiele

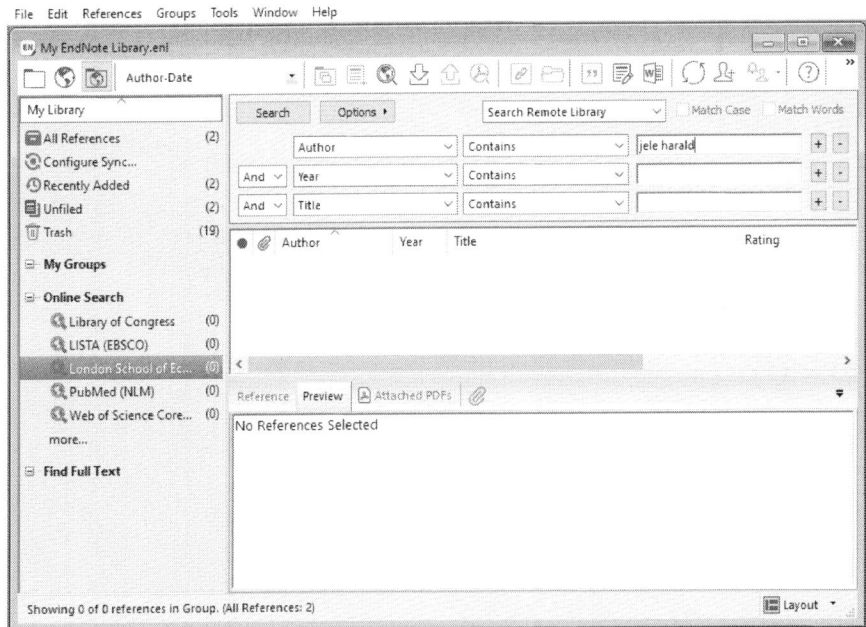

**Abb. 5.2:** Zitiersoftware EndNote: Integrierte Suchmaske für Z39.50-Server.

Im systematischen Einsatz beginnt man mit der Auswahl bzw. der Konfiguration des Zugangs zu einer entfernten, online zugänglichen Literaturdatenbank[185], in der im Anschluss die konkreten Recherchen durchgeführt werden. Anhand vieler bereits vorkonfigurierter Beispieleinstellungen lässt sich dies mit etwas Geschick bewältigen. Zu beachten ist an dieser Stelle, dass man zur Konfiguration die typischen Zugangsdaten benötigt, die man sich beim Datenbankanbieter (der Bibliothek) im Vorfeld der Software-Konfiguration beschaffen muss. Dazu zählen u. a. der Name des Datenbankrechners und der dort verfügbaren Datenbanken, die sog. *Portnummer*, über die der Rechner seine Dienste anbietet, sowie den eventuell zu verwendenden Benutzernamen und das entsprechende Passwort.

Technisch werden die Verbindungen zu bibliographischen Datenbanken zumeist über das Protokoll *ISO Z39.50* realisiert, das zur Kommunikation von Client- und Serverprogrammen in bibliographischen Umgebungen spezifiziert ist (vgl. Jele 2001, S. 33 sowie S. 62). Sollte der Verbindungsaufbau nicht sofort funktionieren, helfen die Fehlermeldungen des in EndNote eingebauten Clients weiter, die dieser auf dem Bildschirm einblendet und in entsprechenden Logdateien (engl. *log file*) protokolliert. Typische Probleme, bei denen die Verbindung zu Datenbanken nicht hergestellt werden kann, resultieren aus dem Umstand, dass sog. *Firewalls* den

---

185 Dazu zählen neben Online-Katalogen von Bibliotheken in gleicher Weise auch Bibliographien sowie Literaturverzeichnisse.

# 5 Das Zitieren mit Softwareunterstützung

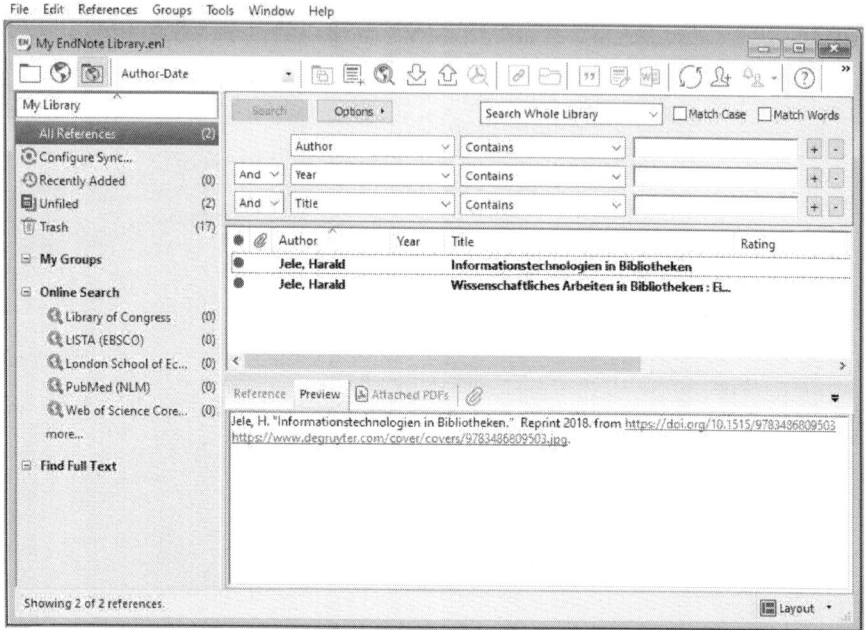

**Abb. 5.3:** Kurztitelanzeige und Vorschau des exportierbaren bibliographischen Eintrages für das Literaturverzeichnis der Zitiersoftware EndNote.

Zugang regulieren. In einem solchen Fall kann einem der Netzwerkadministrator die vorzunehmenden Konfigurationen mitteilen (bzw. ermitteln). Üblicherweise teilt dies auch die anbietende Institution auf ihren Web-Seiten mit.

Hat das Herstellen der Verbindung geklappt, kann über die Suchfunktion von EndNote eine Suche nach den gängigen Kriterien bibliographischer Datenbanken durchgeführt und die Ergebnisse (auf Wunsch) in einer lokalen Datenbank gespeichert werden. In *Abb. 5.2* ist die in EndNote eingeblendete Suchmaske dargestellt; die Eintragungen zeigen eine Suche nach dem Personennamen „Jele Harald". Die Ergebnisse der Suche sind als Kurztitelanzeigen („Informationstechnologien in Bibliotheken") in *Abb. 5.3* erkennbar. Die Übernahme dieser Einträge kann in weiterer Folge (nach dem Abspeichern der Ergebnisse) entweder aus der lokalen oder direkt aus der online verbundenen Datenbank erfolgen. In diesem Beispiel wurde das zweitgenannte Verfahren – mit Online-Verbindung zur Bibliothek der *London School of Economics* – gewählt.[186]

---

[186] Bei umfangreichen bibliographischen Arbeiten bzw. in längeren Forschungsprojekten ist natürlich ratsam, recherchierte Datensätze in einer lokalen Datenbank – die in diesem Fall durch EndNote bereitgestellt wird – zu speichern, um auf bereits (mühsam) erstellte Ergebnislisten mehrfach zugreifen zu können, ohne diese online wiederholen zu müssen. Siehe dazu v. a. auch die Ausführungen in *Kap. 5.1*.

## 5.2 Ausgewählte Anwendungsbeispiele

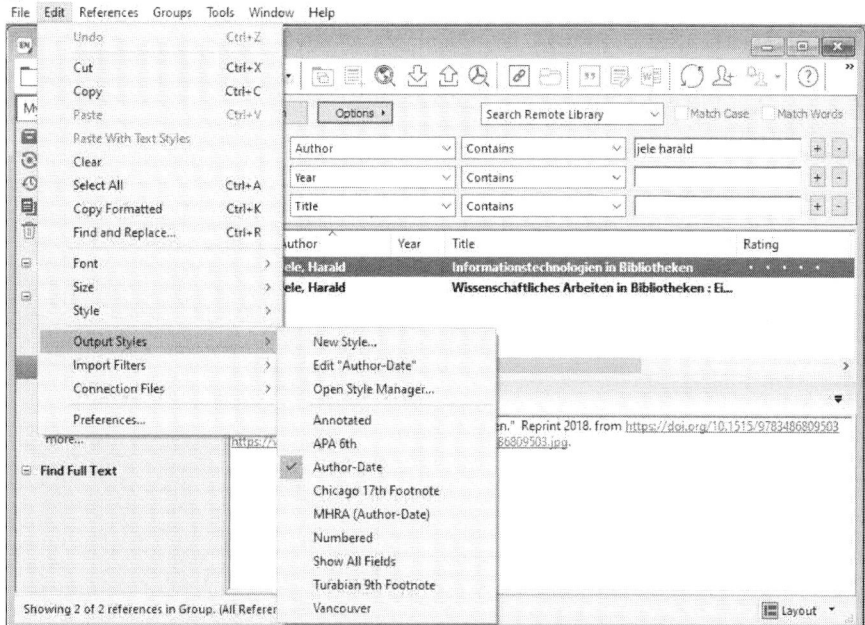

**Abb. 5.4:** Kopierparameter für die Übernahme bibliographischer Einträge aus der Zitiersoftware EndNote.

Bei der Datenübernahme[187] in das Literaturverzeichnis kann bereits eine spezifische Formatierung der Anzeigedaten gewählt werden, sodass die Einträge nach dem Kopiervorgang (zumindest annähernd) im vorgesehenen Stil eingebracht werden. In *Abb. 5.4* sind die vorkonfigurierten Zitierstyles dargestellt. Eigene, davon abweichende können/müssen durch den sog. *Stylemanager* selbst erstellt werden. Weiters erkennt man in *Abb. 5.4* (im rechten Anzeigebereich) die Zitiervorschau, die aus der vollständigen Menge der bibliographischen Kategorien der vorliegenden Ergebnisse gebildet wird und bereits an dieser Stelle erkennen lässt, in welcher Weise die angezeigten Daten durch den Kopiervorgang in das entsprechende Literaturverzeichnis übernommen werden.

*Abb. 5.5* zeigt das Ergebnis nach Übernahme des Datensatzes („*Jele, Harald (2001): Informationstechnologien in Bibliotheken ...*") in das Literaturverzeichnis, das hier mit der Textverarbeitung LibreOffice erstellt wurde. Die Quellenangaben, die an den entsprechenden Zitierstellen gebildet werden, sind in weiterer Folge Referenzen auf diesen Literatureintrag, die entweder von der Textverarbeitung selbst oder aber auch von der Zitiersoftware durch weitere Formatierungsangaben aus den

---

187 Bei EndNote werden die Formatierungsanweisungen bereits aktiv, wenn über die Schnittstellen des Betriebssystems Inhalte durch die Vorgänge *Markieren, Kopieren* und *Einfügen* in das Zielsystem (hier: die Textverarbeitung) übernommen werden.

5 Das Zitieren mit Softwareunterstützung

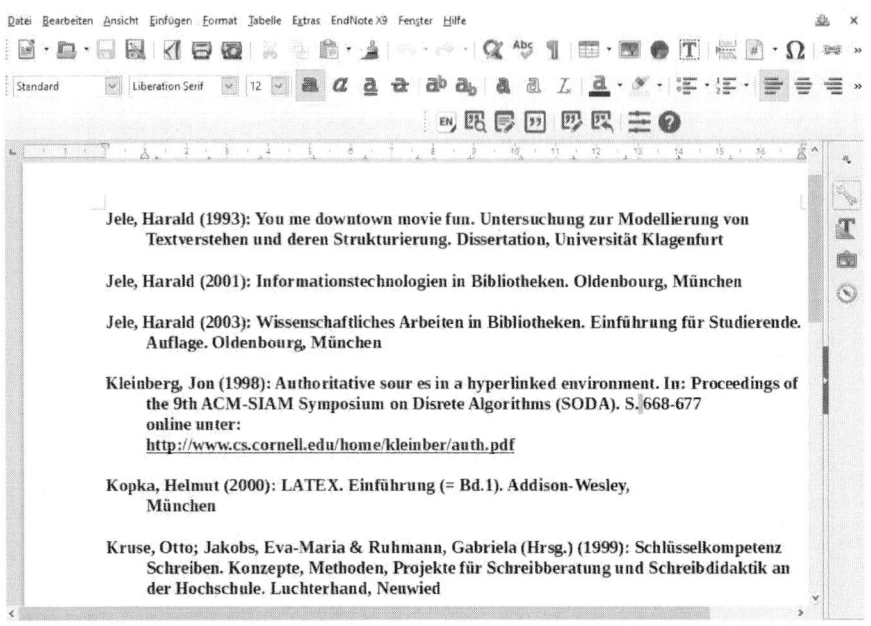

**Abb. 5.5:** Aus der Zitiersoftware EndNote exportierter bibliographischer Eintrag im Literaturverzeichnis, das mit LibreOffice gestaltet wurde.

Einträgen des Literaturverzeichnisses (ev. in Kurzform) gebildet und verwaltet werden.

## 5.2.2 Beispiel unter Verwendung freier, nicht kommerzieller Produkte: LaTeX und BibTeX

Die Vorgehensweise unter Verwendung freier Software mag für Benutzer, die gewohnt sind, mit einigen, wenigen Produkten zu arbeiten, zu Beginn wenig überschaubar sein.[188] Wie in der Arbeitswelt der offenen, freien Software üblich, existieren immer gleichzeitig viele Möglichkeiten, Produkte einzusetzen und zu kombinieren – und die Aufgabe des Benutzers ist, selbst zu entscheiden, in welcher Art und

---

188 In diesem Sinn ist auch der hier beschriebene Ansatz zu sehen. LaTeX in Kombination mit BibTeX steht selbstverständlich nur für einen gangbaren Weg, der für wissenschaftlich Publizierende zwar sehr empfehlenswert ist, selbstverständlich aber nicht zwingend notwendig erscheint: Neben LaTeX existieren weitere, freie Softwareprodukte, die zum Publizieren durchaus geeignet sind. Genannt seien stellvertretend an dieser Stelle natürlich das in das populäre KDE (*K Desktop Environment*) integrierte KWord für den Linux- und Unix-Desktop als auch das Produkt LibreOffice, das für verschiedene Betriebssysteme zur Verfügung steht.

Weise dabei vorgegangen wird. Dass sich aber trotzdem immer typische, praktikable Anwendungsmethoden durchsetzen und von vielen Benutzern ähnlich angewandt werden, ist (gerade für Unerfahrene) hilfreich und leicht zu erfahren: Meist hilft bereits ein Blick in die einschlägigen *Newsgroups* (online *Diskussionsforen*) des Internet, um die häufig auftretenden Probleme sowie deren Lösungen einschätzen zu können. Bezogen auf den Einsatz von LaTeX in Kombination mit BibTeX bedeutet diese Situation, dass die konkrete Realisierung wesentlich von der vorhandenen oder gegebenen Infrastruktur bzw. den Umsetzungsanforderungen geprägt ist.

BibTeX ist ein populäres Programm, mit dessen Hilfe lokal gespeicherte bibliographische Daten verwaltet und diese durch beliebig (frei) definierbare Zitierregeln (in sog. *Styles* abgebildet) in Texte einbracht werden. BibTeX eignet sich sowohl für die Verwaltung von Literaturverzeichnissen und der entsprechenden Quellenangaben als auch – aufgrund seiner spezifischen Arbeitsweise „nebenbei" – für Zitieranalysen. Für die populären Formvorschriften (wie z. B. jene der *AMS* oder die Harvard-Methode) existieren fertige BibTeX-Styles. Für das Publizieren innerhalb von wissenschaftlichen Zeitschriften stellen Verlage für den kombinierten BibTeX-LaTeX-Einsatz üblicherweise ebenfalls fertige Styles auf deren Homepage bereit bzw. geben deklarierte und dokumentierte Style-Vorgaben, die selbst einzubringen sind.

Im akademischen Umfeld bzw. an Universitäten bringt diese Vorgehensweise zudem den praktischen Nutzen (sowohl für Studierende als auch für Betreuer und Begutachter von wissenschaftlichen Arbeiten), dass rein formale Vorgaben von der jeweiligen Institution relativ einfach durch eine entsprechende Styledatei (engl. *style file*) definiert – und damit zugleich geklärt – werden können und diese in weiterer Folge nur noch eine eher unwesentliche Rolle spielen müssen.[189]

Zu den großen Vorteilen – die für einen Einsatz dieser Software-Kombination sprechen – zählen (neben dem bereits erwähnten Umstand der Vermeidung von Kosten und einem nicht zu unterschätzenden zeitlichen Aufwand, der üblicherweise bei der Einhaltung formaler Vorschriften zu bewältigen ist) vor allem die Stabilität der Programme, die hohe Verarbeitsgeschwindigkeit sehr umfangreicher Textmengen als auch die äußerst variablen Methoden, wie LaTeX-Texte erstellt – und BibTeX-Einträge verarbeitet – werden können.[190]

---

189 Im universitären Umfeld führt dies mitunter zu einer wirksamen Reduzierung von Formfragen, die gerade am Ende einer jeden universitären, wissenschaftlichen Arbeit zu einem massiven Arbeitsaufkommen führen können, wenn diese nicht eingehalten – oder zumindest rechtzeitig geklärt – wurden.

190 Unerwähnt sei hier nicht, dass einerseits ein einfacher Texteditor zur Eingabe genügt (= das Prinzip „so einfach wie möglich") – andererseits (wenn Notwendigkeit dazu besteht) Texte auch programmgesteuert mit jeder beliebigen Programmier- oder Skriptsprache erstellt werden können (= das Prinzip „so flexibel wie möglich"). Zudem muss darauf hingewiesen werden, dass LaTeX für viele verschiedene Betriebssysteme vorhanden ist und demnach auch in eher heterogenen Computerumgebungen eingesetzt werden kann.
Auf die Kompatibilität bzw. Übertragbarkeit zwischen unterschiedlichen Versionsnummern

## 5 Das Zitieren mit Softwareunterstützung

BibTeX verwaltet bibliographische Daten in der Form bibliographischer, kategorisierter Einträge, die in einer einfachen Textdatei gespeichert sein können. Die vordefinierten Kategorien richten sich nach der Erscheinungsform eines Werkes. So sind für z. B. (Zeitschriften-)Artikel („*article*") in der Form von unselbstständig erschienenen Beiträgen die Kategorien *author, title, journal, year* obligatorisch sowie die Kategorien *volume, number, pages, month* und *note* fakultativ definiert. Daneben existieren fertige Kategorienschemata für die Erscheinungsformen *book, booklet, proceedings, inbook, incollection, inproceedings, manual, masterthesis, misc, phdthesis, techreport* und *unpublished*.[191]

Einträge, die von BibTeX verarbeitet werden können und in einer getrennten Datei (= die eigene lokale bibliographische Datenbank) gehalten werden, sehen z. B. wie folgt aus:[192]

@BOOK{Schwarz1988,
    AUTHOR = {Schwarz, Norbert},
    TITLE = {Einführung in TeX},
    EDITION = {zweite},
    PUBLISHER = {Addison-Wesley},
    ADDRESS = {Bonn},
    YEAR = {1988}}

Wird dieses Werk innerhalb eines LaTeX-Textes mit einer Quellenangabe genannt (d. h. Inhalte entsprechend zitiert und die verwendete Quelle angegeben), so merkt man dieses mit dem Kommando \cite unter Hinzufügung des eindeutig (!) definierten Schlüsselwortes aus der BibTeX-Datenbank (hier: *Schwarz1988*) an.[193] Damit

---

muss hier nicht gesondert hingewiesen werden. Sollte der Fall eintreten, dass über Jahre hinweg gravierende Unterschiede auftreten, so können diese einfach – und im geübten Umfeld sehr effizient – programmgesteuert umgesetzt werden: für einen LaTeX-Text ist immer der Quellcode (= die Inhalte und die diesen strukturierenden Steuerelemente) und nicht sein Produkt (der druckfertige Textsatz) wesentlich. Diese beiden Teile sind stets voneinander getrennt zu betrachten und daher auch getrennt wiederherstellbar.

191 Eine übersichtliche Beschreibung sowie Kurzeinführung für den Einsatz von BibTeX findet sich in Kopka (2000, S. 291–298).
192 Zur weiteren Kommentierung dieses und anderer Beispiele siehe vor allem Kopka (2000, S. 293). Der hier zitierte Eintrag ist natürlich einer unter vielen möglichen: Eine eigene Literaturdatei wird selbstverständlich eine Reihe solcher Einträge beinhalten, die – getrennt voneinander durch Leerzeilen – in der Datei aufgelistet sind. Aufgrund der bibliographischen Kategorisierung sowie der Referenzierung durch einen eindeutigen (!) Schlüssel kann eine jede solche Literaturdatei unsortiert verwendet werden. Zur weiteren Bearbeitung bzw. Nachbearbeitung erscheint in vielen Fällen natürlich sinnvoll, eine solche Datei von Beginn an alphabetisch sortiert anzulegen.
193 Das Bsp. \cite{Schwarz1988} in einem LaTeX-Text führt demnach dazu, dass einerseits eine Quellenangabe an der Zitatstelle in der Form gesetzt wird, die durch die Styleangaben definiert ist und z. B. der Harvard-Methode entsprechend mit *(Schwarz 1988)* abgedruckt wird. Andererseits ist möglich, dass optionale Parameter wie die Seitenangaben mit abgedruckt werden können. Dies erfordert in diesem Bsp. die Schreibweise \cite[S. 98]{Schwarz1988} und führt zum Ergebnis *(Schwarz 1988, S. 98)* (vgl. Kopka 2000, S. 210–212).

wissen sowohl LaTeX als auch in weiterer Folge BibTeX, dass in der lokalen Literaturdatenbank nach einem Eintrag *Schwarz1988* zu suchen und dieser Eintrag in das Literaturverzeichnis zu übernehmen ist.[194] In welcher Form dies geschieht (*alphabetisch*, *sortiert* nach der Reihenfolge im Text, mit *Abkürzungen* oder ohne etc.), wird bei der Bildung des Literaturverzeichnisses durch eine entsprechende Stilangabe[195] festgelegt.

Diese Vorgehensweise erlaubt, dass entweder eine oder mehrere Literaturdatenbanken zur formalen Zitateverwaltung herangezogen werden können und deren Einträge gezielt durch die Verwendung von Schlüsselwörtern selektiert werden. Das heißt auch, dass in dieser Form strukturierte Literurlisten über Jahre hinweg tradiert, untereinander geteilt und beliebig erweitert werden können – ohne dafür besondere Software zu benötigen – und immer ausschließlich jene Literaturangaben Verwendung finden, die tatsächlich zitiert werden.[196] Eigene Zitieranalysen sind damit (sofern besonders bei umfangreichen und jahrelang andauernden wissenschaftlichen Arbeiten nötig) automatisch generierbar.

Für den Aspekt der Zusammenarbeit innerhalb von Gruppen bedeutet der Umstand, dass Literaturdatenbanken auf der Basis von strukturierten Textdateien vorrätig gehalten werden, dass diese untereinander besonders einfach geteilt werden können und zudem einen großen Mehrwert erhalten, wenn dies durch Systeme zur „Versionierung" geschieht. Beispiele dafür sind das früher weit verbreitete SVN

---

194 Um hier nicht ungenau zu erscheinen, muss korrekterweise der Ablauf so beschrieben werden: Nachdem im LaTeX-Text mit dem Kommando \cite{*Schlüsselwort*} ein Quellennachweis gesetzt bzw. das entsprechende Zitat markiert wurde, muss nach dem Speichern dieses Textes BibTeX gestartet werden. Dies bewirkt, dass alle im LaTeX-Text vorhandenen \cite{*Schlüsselwort*}- und \nocite{*Schlüsselwort*}-Kommandos gegen die im LaTeX-Text angegebenen Literaturdateien (s. Kopka 2000, S. 291) geprüft werden und daraus in weiterer Folge eine Datei entsteht, die das extrahierte Literaturverzeichnis zum Inhalt hat und entsprechend eines angegebenen Stils in den LaTeX-Text eingebunden wird.
Die Beschreibung dieses Vorganges mag ein wenig umständlich klingen; die Durchführung erweist sich in jedem Fall jedoch als sehr einfach und für den Benutzer äußerst transparent, da LaTeX immer auf der Basis von Dateien arbeitet. Dieser Vorgang ähnelt den Vorgängen, die beim Erstellen eines Index, eines Abbildungs- oder des Inhaltsverzeichnisses durchzuführen sind.

195 Die in der Standardinstallation von BibTeX ausgelieferten Styles sind *plain* (alphabetische Sortierung des Literaturverzeichnisses unter Hinzufügung einer Zählung), *unsrt* (Sortierung des Literaturverzeichnisses in der Reihenfolge der Zitierung im Text), *alpha* (Sortierung wie beim Style *plain* jedoch unter Hinzufügung eines Namenskürzels) und *abbrv* (Sortierung wie beim Style *plain*, die bibliographischen Angaben werden hingegen in abgekürzter Form gesetzt); diese können jedoch – wie bei LaTeX allgemein üblich – durch eigene Stile erweitert, ersetzt oder „bloß" angepasst werden (vgl. Kopka 2000, S. 292).

196 Für den Fall, dass Literatur in eine Bibliographie (ein Literaturverzeichnis) mit aufgenommen werden soll, die nicht zitiert wurde und entsprechend mit keiner Quellenangabe im Text korrespondiert, ist in LaTeX der Befehl \nocite vorgesehen, der im Text an einer beliebigen Stelle angeführt werden kann und unter Hinzufügung eines Schlüsselwortes dazu führt, dass das so referenzierte – und wenngleich nicht zitierte – Werk bei der Bildung des Literaturverzeichnisses berücksichtigt, d. h. mit aufgenommen wird.

(Subversion), das eine zentrale Versionsverwaltung vorsieht, sowie das heutzutage aktuelle und moderne Git, mit dem die Versionsverwaltung über die Benutzer verteilt organisiert wird. Mit beiden Systemen lassen sich Literaturdatenbanken im Stil von BibTeX nicht nur austauschen, teilen und aktualisieren, sondern jederzeit auch zu einem beliebigen Zeitpunkt eingefügte oder gelöschte Einträge wiederherstellen bzw. rückgängig machen, sodass alle daran Beteiligte dies konsistent nachvollziehen können.

Besonderes Augenmerk ist dabei natürlich der Erstellung der Literaturdatenbanken (Dateien) zu widmen: Werden diese mit anderen Benutzern geteilt und in sehr heterogener Weise erweitert, muss darauf geachtet werden, zumindest die Schlüsselbezeichnungen der bibliographischen Einträge eindeutig zu halten. Eine Sortierung der Einträge – wie bereits angemerkt – ist nicht unbedingt notwendig, für die dauerhafte Pflege jedoch von Vorteil.

Die meisten Literaturdatenbanken, die auf diese Weise erstellt werden, sind aus sehr verschiedenen und für die jeweilige Wissenschaftsrichtung spezifischen Gründen[197] wohl manuell – d. h. händisch – erstellt. Eine sehr einfache und durchaus effektive Unterstützung zur manuellen Pflege bieten einige Anbieter von bibliographischen Datenbanken, Katalogen und Verzeichnissen durch eine entsprechende *Anzeigeparametrisierung*. Liegt eine solche vor, kann in den allermeisten Fällen durch eine ausgewiesene Option die Anzeige von bibliographischen Informationen in einem zu BibTeX kompatiblen oder zumindest sehr ähnlichen Format bzw. im besten Fall in exakt jener Kategorisierung, die BibTeX erwartet, eingestellt werden. Damit ist in den allermeisten Fällen möglich, bibliographische Daten aus z. B. einem Web-Browser durch einfaches Kopieren und Einfügen in die lokale Literaturdatenbank zu übernehmen.[198]

Eine Nutzung der Schnittstelle *Z39.50* zu bibliographischen Datenbanken – wie im Beispiel des Einsatzes kommerzieller Software bereits beschrieben – bedarf in Kombination mit LaTeX bzw. BibTeX im Moment einiger Handarbeit und kann entsprechend für kürzere wissenschaftliche Arbeiten nicht unmittelbar in Betracht gezogen werden.[199] Dies ist jedoch gleichzeitig auch kein allzu großer Nachteil, denn die Mehrzahl der für das wissenschaftliche Arbeiten relevanten bibliographischen Datenbanken ist ohnehin nicht frei zugänglich und auch nur eine Minderzahl bietet durch *ISO* standardisierte Zugänge (wie eben *Z39.50*) zu ihren Inhalten. Wenngleich

---

197 Ein wesentlicher Umstand ist, dass nicht für alle Wissenschaftsrichtungen eine gleich gute Versorgung mit entsprechenden elektronischen Quellen vorhanden ist bzw. diese nicht immer die gleichen Möglichkeiten zu einem automatisierten Update lokaler Literaturdatenbanken bieten.
198 Vgl. dazu auch das entsprechende Bsp. zur *Anzeige von Rechercheergebnissen im Zitierformat* im Anhang.
199 Trotzdem weise ich darauf hin, dass fertige und zugleich nutzbare, frei (kostenlos) verfügbare *Z39.50*-Clients in den gängigen Programmiersprachen darunter auch *Perl* und *Python* vorhanden und einsetzbar sind und sich entsprechende Parametrisierungen für BibTeX im Web finden lassen.

in seiner Standardauslieferung der Zugang zu bibliographischen Datenquellen via *Z39.50* nicht berücksichtigt ist, steht BibTeX-Anwendern mit dem Programm BibSearch ein komfortables *Frontend* für BibTeX-Datenbanken zur Verfügung.[200] Dieses erlaubt sowohl die bibliographische Suche als auch die direkte Datenübernahme in lokale BibTeX-Datenbanken in ähnlicher Weise wie die hier vorgestellte kostenpflichtige, kommerzielle Software EndNote.

Die auf der nachfolgenden Seite abgebildeten Einträge führen beispielsweise durch entsprechende Parametrisierung zur Ausgabe des Literaturverzeichnisses in jener Form, die für dieses Werk gewählt wurde.[201]

---

200 Die Quellen bzw. fertig kompilierter, ausführbarer Programmcode stehen für unterschiedlichste Computer-Plattformen unter *https://ftp.math.utah.edu/pub/bibsearch/index.html* zur freien Verfügung.
201 Ein reicher Vorrat an Beispielen unterschiedlicher Parametrisierungen für BibTeX findet sich u. a. im Verzeichnis *https://ftp.math.utah.edu/pub/tex/bibtex/*.
Hinweisen möchte ich an dieser Stelle zudem auf die folgende Sammlung an BibTeX-Tools und zugänglichen BibTeX-Datenbanken: *https://ftp.math.utah.edu/pub/bibtools.html*.

## 5 Das Zitieren mit Softwareunterstützung

```
@BOOK{AMS2021,
    AUTHOR = {American Mathematical Society},
    TITLE = {AMS Author Handbook},
    PUBLISHER = {Amer},
    ADDRESS = {Providence, RI},
    YEAR = {2021},
    NOTE = {überarbeitete Ausgabe (Revised) von (Februar) 2021
    Online unter
    https://www.ams.org/arc/handbook/index.html}}

@BOOK{APA2020,
    AUTHOR = {American Psychological Association},
    TITLE = {Publication Manual of the American Psychological Association},
    EDITION = {7. Auflage},
    PUBLISHER = {APA},
    ADDRESS = {Washington, DC},
    YEAR = {2021}}

@BOOK{Baeza1999,
    AUTHOR = {Baeza-Yates, Ricardo & Ribeiro-Neto, Berthier},
    TITLE = {Modern Information Retrieval},
    PUBLISHER = {ACM Press},
    ADDRESS = {New York, NY},
    YEAR = {1999},
    NOTE = {Online unter
    https://web.cs.ucla.edu/ miodrag/cs259-security/baeza-yates99modern.pdf}}

@ARTICLE{Chen1999,
    AUTHOR = {Chen, Chaomei},
    TITLE = {Visualising semantic spaces and author co-citation networks in digital libraries},
    JOURNAL = {Information Processing and Management},
    VOLUME = {35},
    YEAR = {1999},
    PAGES = {S. 401-420},
    NOTE = {Online unter
    https://doi.org/10.1016/S0306-4573(98)00068-5}}
```

## 5.2.3 Beispiel Zotero

Mit Zotero hat sich innerhalb der Open-Source-Bewegung ein Tool zur Verwaltung von Literaturdaten gut etabliert, dessen Stärken vor allem dann zur Geltung kommen, wenn mehrere Personen gemeinsam an einem Schreibprojekt teilhaben.

Die grundlegende Funktionsweise ist anderen Programmen sehr ähnlich. Anders ist jedoch die Art und Weise, wie bibliographische Daten in die (lokalen) Datenbanken gelangen. Während EndNote wie auch BibSearch diese über spezielle, standardisierte Schnittstellen abholen, arbeitet Zotero über ein Plug-in (= eine Erweiterung) im Browser. Somit fällt einerseits die mitunter mühevolle Einrichtung der entsprechenden Datenbankverbindungen weg, andererseits ist dieses Plug-in für den Benutzer selbst jedoch nicht (einfach) konfigurierbar, sodass man auf die Mithilfe der Programmautoren angewiesen ist, wenn es gilt, weitere Literaturquellen zu erschließen.

Zotero bietet sich auch dann besonders an, wenn man in heterogenen Umfeldern arbeitet. Der Umstand, dass dieses für die gängigen Betriebssysteme (Windows, macOS und Linux) und die darin betriebenen Textverarbeitungen vorliegt, ermöglicht Anwendern das Arbeiten auch dann, wenn diese häufig auf unterschiedlichen Systemen zuhause sind. Da Zotero darüber hinaus eine große Anzahl an Exportparametern kennt, können bibliographische Daten dort verwaltet und anschließend z. B. als BibTeX-Einträge innerhalb eines LaTeX-Textes gleichfalls wie auch durch einen Import in EndNote weitergenutzt werden.

Bei der Einrichtung von Zotero ist ein wesentliches Element, dass man auf der Homepage von Zotero[202] ein Konto (einen Account) anlegt. Innerhalb dieses Kontos lassen sich verschiedene Literaturdatenbanken (*Web Libraries*) anlegen und verwalten, die zentral gespeichert und gegen ihre lokalen Pendants synchronisiert werden. Sollen sich mehrere Benutzer eine oder mehrere solcher *Libraries* teilen, kann dies hier durch Regeln eingestellt werden. Die wesentlichen sind:

- Wer darf an einer *Library* mitarbeiten?
- Wer darf eine solche lesend einsehen?
- Wer darf schreibend Einträge hinzufügen oder löschen?

Eine einmal eingerichtete *Library* lässt sich als Ganzes nur über jenen Account löschen, mit dem diese angelegt wurde (dem *Owner*). Abb. 5.6 zeigt jene bibliographischen Daten, die durch eine Suche im Browser ermittelt wurden. Diese werden sowohl lokal im Client gespeichert als auch mit den zugehörigen *Web Libraries* synchronisiert. Somit stehen diese allen zur Verfügung, die zumindest über eine Berechtigung zum Lesen der Daten verfügen. Neben den üblichen bibliographischen Daten speichert Zotero sowohl Schlagwörter, die innerhalb der Web-Seiten

---

[202] *http://zotero.org*.

# 5 Das Zitieren mit Softwareunterstützung

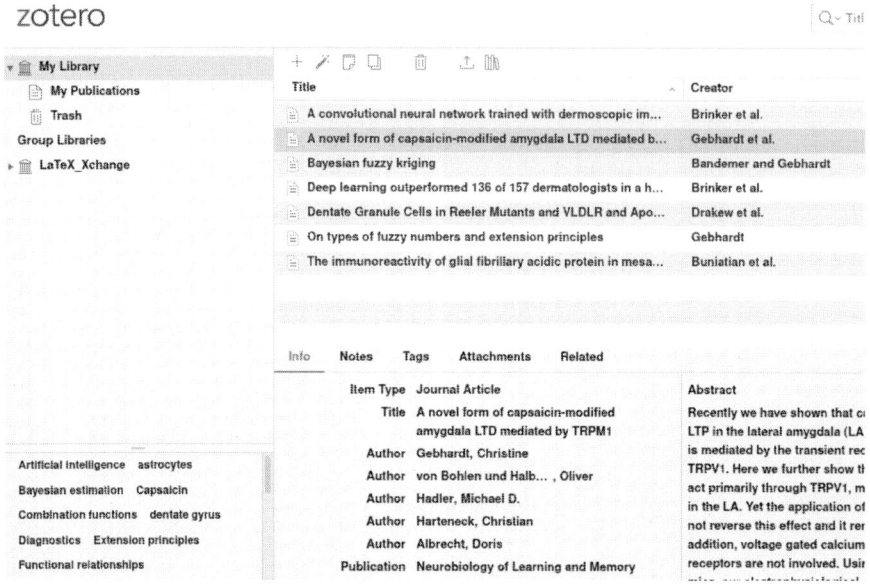

**Abb. 5.6:** Ausschnitt der Anzeige bibliographischer Daten über den Zugriff auf ein Konto bei Zotero.

angeboten werden, als auch Abstracts und den Volltext, sofern dieser im Augenblick des Speicherns zugänglich ist. In *Abb. 5.6* wird im Rahmen rechts unten das Abstract zum ausgewählten Eintrag angezeigt („*Recently we have shown that ...*"), der Volltext verbirgt sich in dieser Anzeige hinter der Auswahl zu den *Attachments*.

Die Entnahme von bibliographischen Daten aus einer Web-Seite gelingt Zotero immer dann, wenn das Add-on ( = eine Browsererweiterung) die kategorisierten Einträge entsprechend identifizieren kann. Dafür nutzt die Software sogenannte *Translators*, die die Datenaufbereitung übernehmen. Innerhalb der Supportseiten von Zotero finden sich die Links zu jenen *Translators*, die vorkonfiguriert benutzbar sind. Damit sind die wichtigsten Bibliothekskataloge und Literaturdatenbanken (Online-Bibliographien) abgedeckt. Seiten, die für einen Benutzer hohe Relevanz haben, bislang aber von keinem *Translator* abgedeckt sind, sollten den Projektverantwortlichen mitgeteilt werden. Bibliographische Einträge aus solchen Seiten müssen bis zur entsprechenden Ergänzung händisch zum Literaturbestand innerhalb des Zotero Clients hinzugefügt werden.

*Abb. 5.7* zeigt ein Ergebnis aus der Datenbank ScienceDirect, bei der die Suche nach dem Eintrag zum Autorennamen „Albrecht Gebhardt" sieben Treffer ergab, die allesamt von Zoteros Add-on erkannt wurden und nach entsprechender Auswahl in die Literaturdatenbank des Zotero Clients übernommen werden können. In *Abb. 5.8* sieht man die Anzeige der bibliographischen Daten, die durch das Add-on

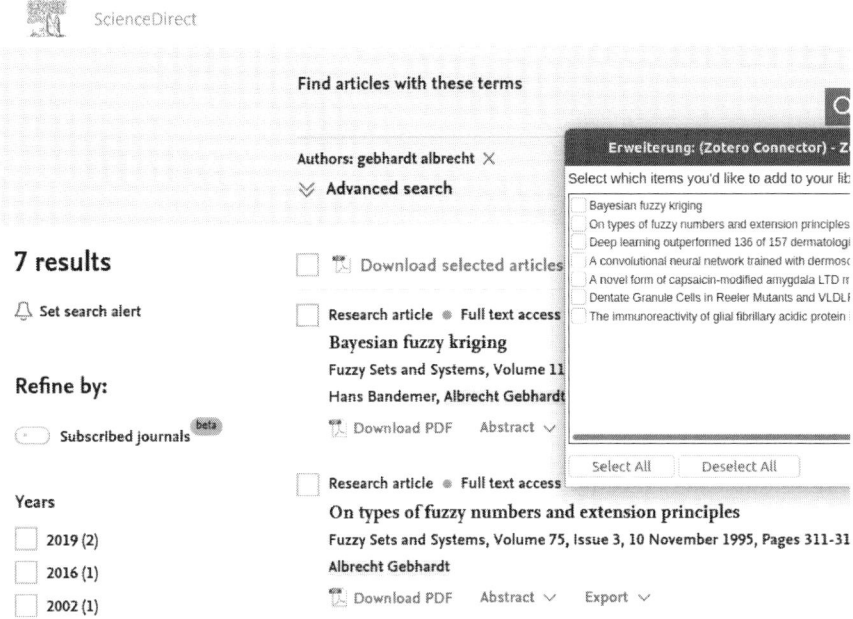

**Abb. 5.7:** Ausschnitt der Anzeige bibliographischer Daten im Add-on von Zotero für den Browser Firefox.

übernommen und innerhalb der lokalen Literaturdatenbank des Zotero Clients gespeichert wurden. Zu den gespeicherten Angaben wird ein *Snapshot* sowie ein Hinweis auf den Volltext des Werkes hinzugefügt. In beiden Fällen handelt es sich um Web-Links, die einerseits direkt zum Artikel (*Snapshot*) andererseits zum Volltext (*Full Text PDF*) der gespeicherten Titelangabe führen. Der direkte Zugriff auf den *Snapshot* erleichtert damit das spätere Wiederauffinden der Originalquelle, die zum jeweiligen Eintrag geführt hat. Dieser Umstand erleichtert eine nachträgliche Korrektur bzw. Erweiterung der bibliographischen Angaben.

Die Automatismen, die sowohl über Datenbankschnittstellen als auch über Add-ons wie jenes von Zotero bibliographische Daten ermitteln und übernehmen, dürfen bei allem Komfort, den sie bieten, nicht überschätzt werden. So können beide nur jene Daten verarbeiten, die ihnen zur Verfügung gestellt werden. Diese sind im Fall von monographisch (selbstständig) erschienenen Werken zumeist ausreichend. Bei nicht selbstständig erschienenen Werken muss ein Benutzer jedoch genau darauf achten, ob die Angaben zu jenen Titeln, in denen diese erschienen sind (Zeitschriftentitel, Titel der Sammelbände oder Kongressberichte etc.), bei der Übernahme bereits mit erfasst sind oder händisch ergänzt werden müssen. Wird darauf kein oder nur geringes Augenmerk gelegt, kommt es spätestens bei der Erstellung des Literaturverzeichnisses zu unvollständigen Angaben, die dann erst recht sehr mü-

# 5 Das Zitieren mit Softwareunterstützung

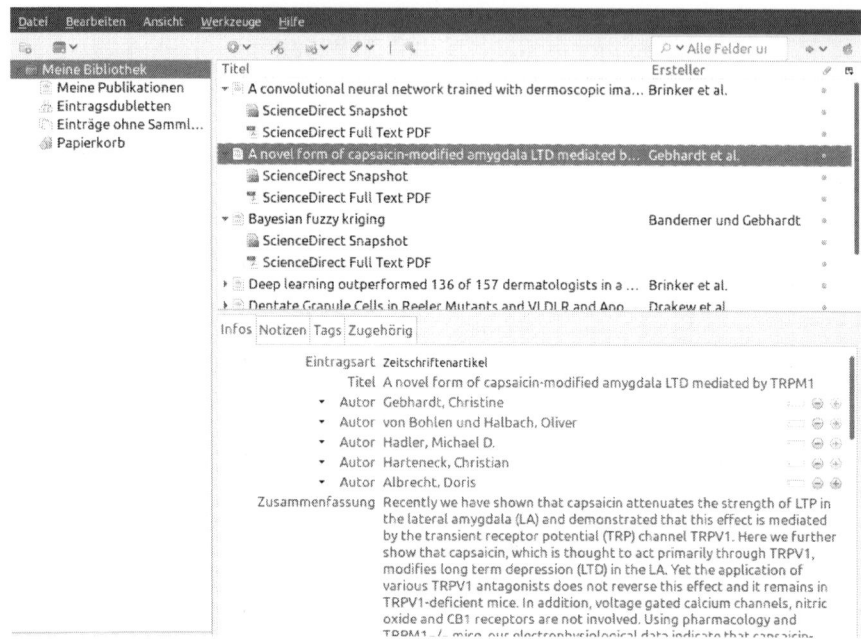

**Abb. 5.8:** Die Anzeige der bibliographischen Daten im Client von Zotero.

hevoll korrigiert werden müssen. Die Qualität, die Zitiersoftware leistet, ist somit ganz wesentlich davon abhängig, wie aufmerksam die Einträge in der zugrunde liegenden, lokalen Datenbank des Benutzers gespeichert und „gepflegt" werden.

Damit eine Werkangabe automatisch aus der lokalen Literaturdatenbank von Zotero in das Literaturverzeichnis einer schriftlichen Arbeit gelangt, muss das Werk innerhalb dieser Arbeit zitiert werden und Zotero (anschließend oder bei Fertigstellung der Arbeit) dazu aufgefordert werden, die Werkangaben in den aktuellen Text zu übertragen. Beides geschieht über das Plug-in, das Zotero bei seiner Installation den aufgefundenen Textverarbeitungsprogrammen hinzufügt. In den Einstellungen wird im Vorfeld festgelegt, nach welchen Zitierrichtlinien sowohl die Kennzeichnung der Zitate als auch der Eintrag im Literaturverzeichnis erfolgt.

Abb. 5.9 zeigt die Integration von Zotero in die Textverarbeitungskomponente von LibreOffice. Der in die Anzeige eingefügte Pfeil weist auf die entsprechenden Symbole hin, hinter denen sich die wesentlichsten Funktionen verbergen: (1) eine Zitatstelle hinzufügen oder bearbeiten, (2) ein Literaturverzeichnis erstellen oder bearbeiten, (3) die eingefügten Daten aufgrund der lokalen Literaturdatenbank aktualisieren, (4) die Einstellungen für das aktuelle Dokument festlegen sowie (5) eine Verknüpfung zwischen den Zitatstellen und dem Literaturverzeichnis lösen.

5.2 Ausgewählte Anwendungsbeispiele

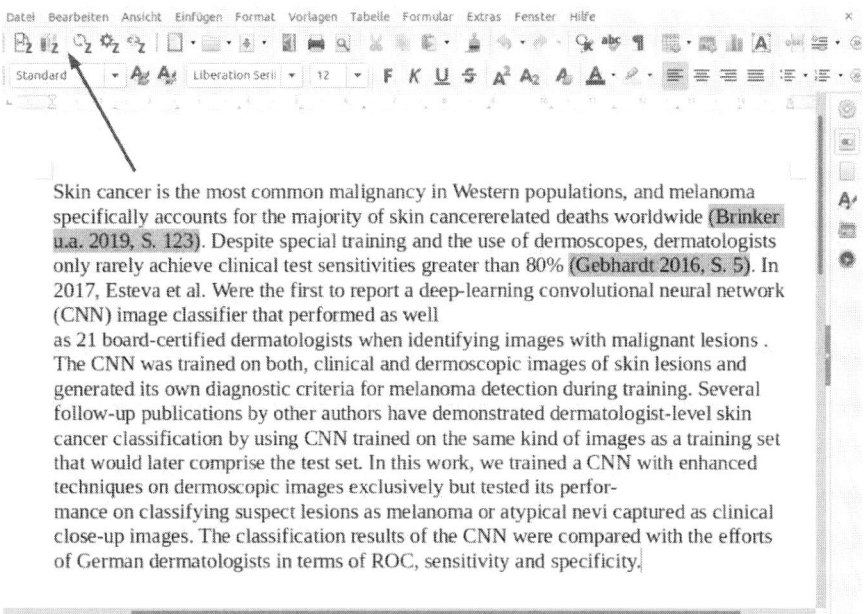

**Abb. 5.9:** Die Integration der Zitiersoftware Zotero in die Textverarbeitung LibreOffice.

Die Anordnung der Funktionen entspricht dabei der typischen Reihenfolge in der Bedienung des Tools: Sobald ein Werk in der lokalen Literaturdatenbank gespeichert ist, kann dieses mit einer Zitatstelle verknüpft werden. Aufgrund solcher Verknüpfungen erkennt Zotero jene Werke, die in das Literaturverzeichnis aufgenommen werden müssen. Erfolgen Änderungen bzw. Korrekturen oder Ergänzungen zu einem Werk innerhalb der lokalen Literaturdatenbank, verhilft eine Aktualisierung dazu, dass diese Änderungen auch Eingang in das Literaturverzeichnis finden. Sollen im Weiteren solche Änderungen keinen Einfluss auf diesen Vorgang finden, so muss die Verknüpfung zwischen den Zitatstellen und der Literaturdatenbank gelöst werden. Bestehende Verknüpfungen sind in der Anzeige mit der Farbe Grau hinterlegt, sodass man deren aktiven Zustand erkennt und die Quellenangabe (hier in der Kurzform Autor-Jahr) innerhalb eines Textes leicht wiederfindet.

# 6 Zitieren versus Plagiieren

## 6.1 Was ist ein Plagiat?

Der Umstand, dass Plagiieren im wissenschaftlichen Arbeiten hier auch als ein Thema des Zitierens angesehen wird, mag durchaus verwundern, denn eigentlich versteht man unter Plagiieren ja das *Nicht-Zitieren*. Dementsprechend ist das Plagiat – in diesem eher simpel konstruierten Gegensatzpaar – quasi das Gegenteil des Zitats. Dass die Einschätzung bzw. der Stellenwert des Plagiierens sich im wissenschaftlichen Arbeiten letztlich doch deutlich komplexer und facettenreicher darstellt, soll hier durch die Beschreibung unterschiedlichster Aspekte, die im thematischen Zusammenhang mit dem Zitieren zu sehen sind, gezeigt werden.

Unter einem Plagiat wird häufig „die unbefugte Übernahme fremden Gedankenguts, der ‚Diebstahl' geistigen Eigentums verstanden" (Fröhlich 2008, S. 120). An Universitäten wird die Definition von Plagiaten nicht einheitlich gehalten. Je nach Intention werden dabei eher urheberrechtliche Aspekte, der Hinweis auf das notwendige Maß an Redlichkeit oder die jeweils präferierten Zielsetzungen zur Qualitätssicherung in wissenschaftlichen Arbeiten in den Mittelpunkt gerückt.[203] Ausschlaggebend ist jedoch, dass es sich beim Plagiieren um eine „unrechtmäßige Aneignung von geistigem Eigentum (oder Erkenntnissen anderer) und ihre

---

203 Die (leicht) unterschiedlichen Definitionen eines Plagiats verweisen zugleich auch auf die jeweiligen Intentionen, mit denen diese verhindert werden sollen: seien es Maßnahmen zur Verbesserung der Fähigkeiten in den Techniken wissenschaftlichen Arbeitens, didaktisch/pädagogische Ansätze zum wissenschaftlichen Schreiben oder Maßnahmen zur Qualitätssicherung wissenschaftlicher Arbeiten. Letztlich zeigt sich jedoch, dass die gewählten Lösungswege häufig ineinander verzahnt eingesetzt und parallel gefördert werden. Der jeweilige, intendierte Fokus der hier genannten Lösungsansätze ist dabei jedoch durchaus verschieden: So zielen die üblichen Methoden zur Qualitätssicherung eher auf die Ergebnisse wissenschaftlicher Arbeiten (= *ergebnisorientiert*), während didaktisch/pädagogische Herangehensweisen eher als *prozessorientiert* (i. S. v. auf den Entstehungsprozess eingehend) eingeschätzt werden können.
Die hier genannten Verschiedenheiten der Ansätze werden später im Text nochmals aufgegriffen und (auch) als Eigenheiten unterschiedlich ausgeprägter *Fachkulturen* beschrieben. Siehe dazu auch S. 111.

Verwendung zum eigenen Vorteil" handelt.[204] Fröhlich (ebda.) führt dazu weiter an:

> „Im Gegensatz zum Diebstahl ist, so die deutsche Juristin Stefanie Stegemann-Boehl, die Voraussetzung eines Plagiats weder ein Vorsatz noch ein Verschulden. Ob die Plagiatoren in bösem Glauben handelten oder einer ‚Kryptamnesie' (= fälschliche Selbstzuschreibung von Ideen nach Vergessen der Quelle) zum Opfer fielen, sei für den urheberrechtlichen Schutz unerheblich."

Der Umfang, die inhaltliche Ausprägung sowie die von einem Autor intendierte Funktion jener Textstellen, die unzitiert übernommen wurden, bilden im Wesentlichen die Grundlagen für eine Einteilung unterschiedlicher Formen (*Varianten*) von Plagiaten. Fröhlich (vgl. ebda., S. 121–124) liefert z. B. folgende Einteilung: das *Totalplagiat*, das *Übersetzungsplagiat*, das *Teilplagiat*, das *Ideenplagiat*, das *„altruistische Plagiat"*, das *Autoplagiat*, das *Verbalplagiat* sowie das *Bildplagiat*.[205]

Die Analyse der betreffenden Fundstellen innerhalb der einschlägigen Literatur zeigt, dass Plagiate oftmals (verharmlosend) auch als mögliche und erklärbare Endprodukte von „schlechtem Zitieren" dargestellt bzw. als solche eingeschätzt werden und somit letzlich immer Begutachter darüber entscheiden müssen, ob ein Text einem Plagiat oder einem schlecht, also unzureichend ausgeführten Zitat zuzuordnen ist.

Die so geführte Diskussion kann einem Dritten (einem Außenstehenden) einerseits den Eindruck vermitteln, es gäbe eine klar definierte oder definierbare Klassifikation von Inhalten nach dem Schema:

- korrekt verfasste, wissenschaftliche Arbeiten, die fremde (übernommene) Inhalte von eigenen durch entsprechende Zitationsweisen unterscheidbar halten,
- eher schlampig verfasste wissenschaftliche Arbeiten, die zwar als solche unter Umständen (z. B. als Abschlussarbeiten an Universitäten) anerkannt, aber „eher nicht gelobt werden" können,
- sowie Plagiate, bei denen sich der Verfasser/die Verfasserin nicht darum gekümmert hat, Eigenes von Fremden zu unterscheiden und entsprechend kenntlich zu machen.

Andererseits entspricht dieses Schema häufig den Argumenten und Intentionen von Verteidigern und den zu Verteidigenden, wenn erhobene Plagiatsvorwürfe in Aberkennungsverfahren münden. Dabei wird nach individuellem Beschluss der

---

204 Vgl. dazu z. B. die Definition auf den Web-Seiten der Universität Klagenfurt (AAU 2024).
205 Das *altruistische Plagiat* meint das Erfinden von Literaturstellen, an denen (vermeintlich) genau jene Inhalte genannt wären, die einem selbst weiterhelfen. Das *Verbalplagiat* meint die mündliche Wiedergabe von fremden Inhalten, ohne dass diese durch Nennung ihrer Quelle im Vortrag zitiert werden.
Man möge mir an dieser Stelle verzeihen, dass ich die weiteren Begriffe hier nicht erkläre oder beschreibe. Aufgrund ihrer trefflichen Bezeichnung gehe ich davon aus, dass die einzelnen Bedeutungen auch ohne genauere Beschreibung verständlich sind bzw. „passend erraten" werden können. Beispielhafte Beschreibungen liefert Fröhlich in der o. g. Quelle.

entsprechenden Schiedsstelle entweder dem Argument „schlechten Zitierens" Rechnung getragen und keine Aberkennung ausgesprochen oder aber dem Plagiatsvorwurf stattgegeben und entsprechend beschieden.

Die Problematik, die sich aus dem Umgang mit dem Thema Plagiieren ergibt, ist jedoch deutlich diffiziler – und wenn hier auch nicht der Eindruck erweckt werden soll, gute wissenschaftliche Arbeiten würden sich am Übergang zu Plagiaten quasi im o. a. Dreischritt über das „schlampige Zitat" hinweg bewegen[206], so muss doch festgehalten werden, dass die wesentlichen kognitiven Prozesse des Textverstehens und der Textproduktion Produkte (also Texte) als Zwischenschritte kennen, die sich geradezu auf einer Linie befinden, die vom fremden und bereits vorhandenen zum eigenen Text weist.[207]

Rein formal gesehen werden Plagiate von Nicht-Plagiaten häufig durch einen zähl- bzw. messbaren Schwellwert automatisiert ermittelt. Diese Vorgehensweise ist aus dem praktischen Einsatz von spezieller Software zur Plagiatserkennung bekannt. Dabei wird in der Regel die Anzahl jener Textstellen ermittelt, die sich als vollständige Plagiate in Bezug auf eine Referenzmenge an fremden Texten nachweisen lassen. Aus dem Verhältnis jener Textmenge, die so als Plagiat erkannt wurde, zur Gesamttextmenge ergibt sich ein Wert (eine Verhältniszahl, zumeist als eine Angabe in Prozenten), der in weiterer Folge zur Entscheidungsfindung verwendet wird, ob eine manuelle Überprüfung eines Textes auf plagiierte und nicht nachgewiesene Stellen sinnvoll bzw. notwendig erscheint.[208]

Auch diese Vorgehensweise, die in der Zwischenzeit an den meisten Hochschulen zur systematischen oder stichprobenartigen Überprüfung von Abschlussarbeiten angewandt wird, erweckt den Eindruck, ein Plagiat befände sich in einem Übergangs- bzw. einem „besonderen Endstadium" innerhalb der normalen, realen (wissenschaftlichen) Textproduktion.[209]

---

206 In Gruber, Huemer & Rheindorf (2009, S. 162–164) wird anhand von Beispielen versucht, den Übergang vom Originaltext über ein schlampig konstruiertes Zitat hin zum Plagiat zu beschreiben.
207 Dies soll auch ein erster Hinweis darauf sein, dass in wissenschaftlichen Arbeiten der Entstehungsprozess von Texten berücksichtigt werden muss. Auf die hier angesprochene Diskussion wird auf *S. 102* eingegangen, wenn das Phänomen *Patch-Writing* angesprochen wird.
208 Eine solche Vorgehensweise zum Aufspüren von Plagiaten eignet sich natürlich ausschließlich zur Analyse textbezogener Arbeiten. Mathematische Arbeiten, deren Inhalte überwiegend durch formale bzw. formelhafte Ausdrücke abgebildet werden, können mit einer solchen Vorgehensweise nicht sinnvoll auf plagiierte Inhalte überprüft werden. Die eingesetzte Software findet in diesem Fall dagegen die natürlichsprachlichen Wendungen und Füllsätze (wie „Zu zeigen ist, dass [...]", „Woran man erkennt, dass [...]" etc.) zuhauf – und wertet diese prompt mangels weiterer natürlichsprachlicher Textanteile als eine sehr hohe Verhältniszahl.
In nicht ausgesprochen quellenorientierten Wissenschaftsbereichen ist beobachtbar, dass eine hohe Verhältniszahl zitierter Textstellen auch als Vorwurf „unselbstständigen Denkens" gewertet wird. Siehe dazu z. B. die Vorgaben, mit denen genau definiert werden soll, wie viele Literaturstellen pro Seite bzw. pro wissenschaftlicher Arbeit genannt werden müssen.
209 Wobei anzumerken ist, dass in der Zwischenzeit gerade Hochschulen von ihren Wissenschaftlern und Studierenden häufig Redlichkeit einfordern, indem auf die Notwendigkeit der

Die Erkenntnisse der Textlinguistik in Bezug auf die kognitiven Produktionsbedingungen sind durchaus jenen Ergebnissen ähnlich, die sich aus der Analyse der o. a. Diskussion in der einschlägigen, zeitgenössischen Literatur zur Thema „Plagiarismus" ergeben:

- der Umgang mit Texten, seien es eigene und/oder fremde, ist relativ komplex,
- die Wahrnehmung dessen, was kenntlich zu machen ist, kann nicht objektiv sein[210], und
- die Art und der Kontext der Textproduktion beeinflusst wesentlich und in vielfältiger Weise jenes Produkt, das letztlich zur Einschätzung oder gar Begutachtung vorliegt.

Sowohl Lesen als auch Schreiben als fundamentale Fertigkeiten und Techniken der Textproduktion kennen viele übergangslose, interne wie externe, Zustände im kognitiven Prozessgeschehen.[211] Wesentlich für die Beurteilung von Texten hinsichtlich ihrer Einschätzung als Plagiat sind natürlich vor allem die externen (= die „sichtbaren" und letztlich beurteilbaren) Produkte.

## 6.2 Patch-Writing und Co. im wissenschaftlichen Arbeiten?

An dieser Stelle sei auf die (zumeist heftig geführte) Diskussion zum Thema „Patch-Writing" hingewiesen: *Patch-Writing* wird in der Literatur häufig als eine gängige Methode angesehen, den Übergang von fremden Texten zu eigenen zu gestalten. Dabei wird auf der Basis vorhandener Texte ein neuer Text zusammengestellt. Die vorhandenen werden quasi wie „Bausteine" in einer an den spezifischen Inhalten orientierten Weise sinngebend aneinandergefügt, sodass aufgrund der damit erbrachten Leistung der neue Text wie ein Flickwerk (*Patchwork*) bereits vorhandene Sinn- bzw. Argumentationsstrukturen nachvollziehbar darstellt und damit auch mögliche Wege einer Neuinterpretation sowie weitere, unterschiedliche Lesarten aufzeigen hilft. Brent (1997) beschreibt dies als „a discussion of how borrowing can be a transitional stage in writing". Dieser Einschätzung nach ist *Patch-Writing*

---

Einhaltung der „Regeln der guten wissenschaftlichen Praxis" hingewiesen und das Einhalten dieser als selbstverständlich erwartet wird.
210 An dieser Stelle sei zudem darauf verwiesen, dass die Wahrnehmung dessen, was zitiert gehört bzw. nicht zitiert werden muss, unterschiedlichen Wissenschaftstraditionen gehorcht.
211 Kruse & Ruhmann (vgl. 1999, S. 110) versuchen in ihrem Ansatz, Textproduktion als einen Übergang vom Lesen zum Schreiben zu erklären. Sie nehmen dabei vor allem auf den Umstand Rücksicht, dass Leser im wissenschaftlichen Schreiben einen ersten Bezug auf vorhandene Texte herstellen; ihre wesentliche Belange schlagen sich durch den nachfolgenden Schreibprozess strukturell wie inhaltlich im entstehenden Text in durchaus unterschiedlicher Weise nieder.

viel mehr als das bloße syntaktische Umstellen fremder Texte[212] – und zudem wird *Patch-Writing* in diesem pädagogisch-rethorischen Ansatz als ein mitunter sehr hilfreicher Schritt auf dem Weg zum eigenen Text gesehen. Ein aktueller Hinweis auf diese Sichtweise ist z. B. auch in Blum (2009, S. 54) zu finden, die in *Patch-Writing* keinen Diebstahl, sondern vielmehr eine sinnvolle und hilfreiche Nachahmung erkennt: „It's not theft, it's Pastiche".

Häufig anzutreffende, eher kulturpessimistische Ansätze sehen dagegen im *Patch-Writing* die Tendenz, vorwiegend Texte als große Paraphrasen zu produzieren, bei denen neben dem syntaktischen Umstellen und dem Einfügen einzelner Begriffe keine eigenen – anerkennungswürdigen – kognitiven Leistungen (wie etwa das inhaltliche Zusammenfassen im eigentlichen Sinne von Paraphrasieren) erbracht werden.

Blum (2009) lenkt in ihrem Ansatz die Aufmerksamkeit in der Diskussion zu den Themen Plagiieren, *Patch-Writing* und Textproduktion schließlich jedoch weg von den letztendlich zu beurteilenden Produkten (Texten) hin zu einer genaueren Beachtung der typischen Situation, in der sich Textproduzierende häufig befinden: Studierende wie Wissenschaftler sind gegenwärtig typischerweise mit Anforderungen konfrontiert, die überwiegend *output-driven* (i. S. v. ausschließlich ergebnisorientiert) definiert sind. Studierende verfassen in ihrem Studium Proseminararbeiten, Seminararbeiten, Hausarbeiten, Fachbereichsarbeiten, Diplomarbeiten, Dissertationen etc.; Wissenschaftler schreiben Diskussionspapiere, Vorträge, Konferenzbeiträge, Zeitschriftenartikel, Habilitationsschriften etc., die zudem – so wird's zumeist erwartet – unter ständig steigendem Einsatz[213] geleistet werden müssen. Dieses im Grunde sehr ökonomisch geprägte Umfeld führt (und verführt) letztlich auch dazu, dass – ökonomischen Grundsätzen folgend – ein maximaler Erfolg bei minimalem Einsatz angestrebt wird. Zu beobachten sind demnach vielfach spezifische Verhaltensweisen, die dadurch erklärbar sind, dass sich „Textproduzierende" in einer ganz spezifischen Situation wahrnehmen, in der sie sich möglichst perfekt (erfolgreich) an die vorgegebenen Rahmenbedingungen anzupassen versuchen.[214] Plagiate

---

212 Wofür dieses von seinen Kritikern überwiegend gehalten wird.
213 Blum (2009) definiert den Umstand ständig steigender Erwartungen mit dem aus den Wirtschaftswissenschaften entlehnten Ausdruck der *rising costs*. Der Begriff, wie er hier übernommen und verwendet wird, meint jedoch nicht nur die leicht messbaren Faktoren wie die steigenden finanziellen Belastungen, sondern vielmehr den Umstand, dass sämtliche (finanzielle, physische, psychische usw.) Belastungen, mit denen Wissenschaftler wie Studierende konfrontiert werden, stark im Ansteigen begriffen sind.
214 Nicht zu vergessen oder zu vernachlässigen ist an dieser Stelle der Umstand, dass gerade Schreiben häufig als eine (große) Last empfunden wird, die es zu bewältigen gilt. Die Strategie, dieser Last möglichst ökonomisch zu begegnen, wird unter den o. g. Bedingungen zudem erklär- bzw. begreifbar.

sind in dieser Sichtweise provozierte und erwartbare Produkte (wissenschaftlicher) Vorgaben.[215]

Die Thematik des Plagiierens, die immer sehr eng mit den grundlegenden Problemen des Schreibens (und eben auch des Zitierens) in Verbindung gebracht wird, ist aus einem solchen Blickwinkel deutlich differenzierter zu betrachten: Schreibwerkstätten (i. S. v. Anleitung gebenden Einrichtungen zum erfolgreichen Schreiben[216] bzw. *Creative Writing*) haben in den angelsächsischen Staaten eine lange und ausgeprägte Tradition und sind mittlerweile auch in den mitteleuropäischen Ländern etabliert. Die Probleme der Textproduktion bzw. des Schreibens sind – den oben genannten Ansätzen folgend – jedoch vielfältiger und umfassender, als dass diese auf den eigentlichen Prozess des Schreibens reduziert werden können.[217]

Aus den mittlerweile zahlreich vorliegenden Ansätzen, die beschreiben, wie man (vor allem) Studierende aber auch Lehrende dabei unterstützt, schriftliche Arbeiten möglichst gut zu meistern, sei stellvertretend jener genannt, bei dem sogenannte *Writing Fellows* in den Schreibprozess eingebunden werden[218]. *Writing Fellows* sind in der Regel Studierende, die eine Schreibberatungsausbildung vorweisen können. Sie stehen einerseits ihren Kollegen beim Verfassen einer Arbeit beratend zur Seite und versuchen andererseits Dozenten dabei zu unterstützen, ihre Schreibaufträge möglichst genau und verständlich zu formulieren. Damit soll gewährleistet sein, dass die Anforderungen an Studierende schon klar und verständlich definiert sind, bevor diese mit ihrer Arbeit beginnen. Der Schreibprozess, wie er hier verstanden wird, beginnt also sehr früh und eigentlich schon zum Zeitpunkt, an dem die Aufgabenstellung definiert werden soll.

---

215 Aus diesem Grund ist es auch weiter nicht verwunderlich, dass Plagiieren nicht allein als eine Vorgehensweise von wenig Begabten oder Untalentierten anzusehen ist. Plagiieren kommt in allen Gruppen Textproduzierender, unter erfolgreichen und etablierten Wissenschaftlern ebenso wie unter Studienanfängern, vor.
216 Einen kurzen, prägnanten Überblick zur Situation in Einrichtungen mit Schreibberatung liefern z. B. Furchner, Ruhmann & Tente (1999). In diesem Beitrag wird versucht, sowohl die Situation der Lernenden als auch die der Lehrenden zu beschreiben. Aktuelle Trends dazu fassen Hirsch-Weber, Loesch & Scherer (2019) zusammen.
217 Das in der Diskussion zum Plagiieren häufig genannte Phänomen, dass Inhalte durch Suchmaschinen ermittelt und über Vorgänge wie Kopieren und Einfügen (unzitiert) übernommen werden, hat für das Schreiben in den Wissenschaften wesentlich weitreichendere Folgen, als das einfache Herstellen eines Plagiats:
Die (blinde) Ausrichtung eigener Inhalte an einem Übermaß an bereits Vorhandenem und leicht Zugänglichem erzeugt – anstatt die Kreativität des Schreibenden anzuregen – eine mitunter starre Rückwärtsgewandtheit, die dem Aspekt in den Wissenschaften, nämlich Neues zu schaffen, grundlegend widerspricht. Aspetsberger (2008, S. 98) spricht davon, dass Suchmaschinen heutzutage quasi „der Inbegriff einer rückwärtsgewandten Utopie, eine grandiose Simulation von Wirklichkeit und Begrifflichkeit und Sachlichkeit und Schriftlichkeit [sind], wie sie bisher und vor langer Zeit waren."
218 Vgl. dazu z. B. Voigt (Hrsg.) (2018) sowie Dreyfürst, Liebetanz & Voigt (2018).

Aspetsberger (2008, S. 33–35) geht der Frage nach dem Umstand, dass Plagiieren als ein durchaus sehr heftig und leidenschaftlich bekämpfter Betrug[219] diskutiert wird, auf den Grund, indem er versucht, den Wurzeln der potentiell vorhandenen Bereitschaft zum Betrug nachzuspüren. Wesentliche Faktoren zu einer Betrugsbereitschaft sind für ihn ein gerade unter Wissenschaftlern vorhandenes erhöhtes Maß an Eitelkeit[220], die geringe ökonomische Ergiebigkeit wissenschaftlicher Arbeiten sowie das geringe Sozialprestige wissenschaftlicher Leistungen. Das Bemühen um gute Bewertungen führt – so Aspetsberger weiter – unter diesen Rahmenbedingungen zu Überforderung und heimlichem Leistungsersatz wie „Lügen und Abschreiben".

Dass in der Diskussion zu einer Definition des Begriffs Plagiat „auch akademisch geistige Beweglichkeit wie (Selbst-)Ironie möglich ist" (ebda., S. 52), zeigt die Wiedergabe einer scherzhaften Definition in Anlehnung an Wilson Mizner (1876-1933): aus einem Buch abschreiben = Plagiat; aus zwei Büchern abschreiben = Essay; aus drei = Kompilation; aus vier = Dissertation.[221]

Das Plagiieren als vorsätzlichen betrügerischen Akt will Aspetsberger im Kontext der jeweiligen Bedingungen, die zum Plagiieren führen, sehen und meint, dass

> „solche Handlungen, wie sie hier in Rede stehen und wie Erkennen und Tun generell sein können, reaktiv sind. Studenten schlagen auf Druck zurück (zum Beispiel jetzt auf die formalisierten Verschärfungen der Normen mit Schwindel [...]). Kollegen schlagen auf Druck zurück, mit Aggression wie früher nicht. Weil die einen wie die anderen wer sein wollen, wenn auch nicht Gleiche, und es viele von allen in der Wissenschaft nicht so leicht schaffen. Das ist oft zu Recht so, aber nicht immer und nicht in höheren Prozentzahlen. Jedenfalls hängt es auch mit persönlich oder massenhaft strukturierten Lebens- und Wissenschaftsformen zusammen: man beschummelt den bemühten Lehrer so wenig wie der die weniger fleißigen Studenten menschlich abwertet, mit denen er wöchentlich zusammensitzt." (ebda., S. 55–56).

Damit wird zudem deutlich auf den Umstand hingewiesen, dass ein – wie eben beschrieben – reaktives und fraglos sehr aggressives Verhalten vermutlich überwiegend ein Phänomen an Massenuniversitäten ist und Plagiieren in diesem Kontext im Wesentlichen auch als ein Problem „massenhaft strukturierter Wissenschaftsformen" gesehen werden muss.

---

[219] „Betrug" als die unbefugte Übernahme fremden Gedankenguts, die als Diebstahl geistigen Eigentums verstanden wird (ebda., S. 52).
[220] Aspetsberger verweist an dieser Stelle auf den Umstand, dass Wissenschaftler seiner Einschätzung nach häufig stark Ich-zentrierte Wesen sind.
[221] Das hier wiedergegebene Zitat geht auf den bekannten Aphorismus Mizners zurück: „Copy from one, it's plagiarism; copy from two, it's research".

## 6.3 Qualitätssicherung durch Open Access und Open Data

An diese Wissenschaftsstrukturen bestens angepasst hat sich ein sogenannter „Wissenschaftsmarkt". Diesem zugehörig verstehen sich private Einrichtungen und Institutionen (Büros), die potentielle (Hochschul-)Absolventen als Kunden ansprechen und Leistungen, die von diesen üblicherweise verlangt werden, gegen einen zumeist auszuverhandelnden Preis für ihre Kunden erbringen. Dass auf diese Weise Abschlüsse quasi käuflich erworben werden können, scheint dabei kein Geheimnis zu sein. Der Markt, der diese Leistungen anbietet, ist kein gut versteckter oder gar bestens getarnter Schwarzmarkt (vgl. Aspetsberger 2008, S. 68); entsprechende Inserate und Angebote finden sich massenhaft sowohl in Printmedien als auch im Internet. Im Jahr 2008 ist so das „Institut für Wissenschaftsberatung" in die Schlagzeilen der deutschsprachigen Medien geraten und für Dienstleistungen dieser Art entsprechend (negativ) bekannt geworden. Angeboten wurde u. a. „Promotionsberatung", mit der man den käuflichen Erwerb von akademischen Graden gemeint und betrieben hat (vgl. Horstkotte 2009).

*Ghost Writing* wird auf dieser Ebene auch für den wissenschaftlichen Bereich in gleicher Weise wie für das publizistische, politische oder wirtschaftliche Umfeld professionell betrieben. Sei es, dass der damit versorgte und letztlich genannte Autor keine Zeit für das Verfassen der Arbeit hat oder dafür nicht die notwendigen Voraussetzungen mitbringt. Der Umstand, dass an einem solchen Vorgehen immer (zumindest) zwei Personen (der genannte Autor und sein Ghostwriter) beteiligt und mit ihrer Vorgehensweise durchaus erfolgreich sind, ist im Grunde dem Vorgehen der „wissenschaftlichen Tandems" ähnlich. Nach dem Prinzip, das Fröhlich (vgl. 2008, S. 135) beschreibt, tun sich dabei zwei oder mehrere Wissenschaftler zusammen, die sich in ihren Funktionen perfekt ergänzen.[222] Ein erfahrener Wissenschaftler, der durch seine Vorkenntnisse über die entsprechenden Ideen (Hypothesen) und Theoriekenntnisse verfügt, tut sich mit einem (zumeist jüngeren) Kollegen zusammen, der sich erfolgreich darum kümmert, die zu den Vorgaben passenden Daten „zu erstellen". Infolge der Glaubwürdigkeit der erfahrenen Wissenschaftler gelangen durch ihr betrügerisches Vorgehen so letztlich beide zu Ehren und Anerkennung.

Damit ist zudem der Umstand angesprochen, dass der Vorgang des Plagiierens häufig im Umfeld weiterer betrügerischer Vorgehensweisen zu finden ist, deren eigentlicher Betrug letztlich in der Fälschung bzw. dem willkürlichen „Erfinden" (i. S. v. *fabrizieren*) wissenschaftlicher Basisdaten liegt.

---

[222] Fröhlich (vgl. ebda.) beschreibt dieses Verhältnis als eines von „Meistern" zu „Gesellen".

Um dem Plagiieren und anderen wissenschaftlichen Betrügereien vorzubeugen sowie diese sinnvoll verhindern und mit einfacheren als den bisher üblicherweise eingesetzten Mitteln leichter erkennen zu können, wird zur effektiven Qualitätssicherung in den Wissenschaften häufig vorgeschlagen, sämtliche Daten bzw. sämtliche verwendeten Arbeiten so zu publizieren, dass diese für alle jederzeit einfach zugänglich sind.

Diese Vorgabe erfüllt im Moment wohl einzig und allein die Publikation von Werken unter den Lizenzmodellen der *Open Access*-Bewegung: Durch einen völlig offenen und freien Zugang zu Werken in (zumeist) digitaler Form ist es jedem möglich, zitierte Quellen ohne großen Aufwand und ohne damit möglicherweise verbundenen Kosten einzusehen sowie fragwürdige Stellen softwareunterstützt zu überprüfen. Dabei sollte zudem folgender Umstand Beachtung finden: Aufgrund der Lizenzbestimmungen vieler Verlage ist zwar die parallele Publikation des Originalartikels (nach einem eventuellen *Peer Review* oder einem anderen Prüfverfahren durch die Herausgeber) unter *Open Access*-Bedingungen nicht zulässig; sehr wohl aber erlauben die üblichen Autorenverträge das Publizieren des zum *Reviewing* eingesandten Manuskripts (des *Preprints*) unter einem entsprechenden Lizenzmodell. Diese Möglichkeit wird an vielen Universitäten und Forschungseinrichtungen umgesetzt und so gehandhabt, dass auf einem Schriftenserver die Preprints der eigenen Mitarbeiter offen zugänglich gehalten werden und auf deren Publikation im jeweiligen Medium (einer Fachzeitschrift, einem Sammelband und dgl.) verwiesen wird.

Die Vorteile, die sich aus den *Open Access*-Bedingungen ergeben, sind umfänglich und vielfältig. Neben der für die Wissenschaften geforderten Publizität ihrer Ergebnisse, die einer in geschlossenen bibliographischen Umgebungen deutlich überlegen ist, liegen die vielfach den Wissenschaftlern vorgegebenen Ansätze zu einem ökonomischen Vorgehen (= Sparsamkeit und Auskommen mit den zur Verfügung stehenden Mitteln) aufgrund der offenen und freien Zugänglichkeit auf der Hand. Die eben angesprochenen Möglichkeiten zur Kontrolle veröffentlichter Texte sowie der darin publizierten Ergebnisse entsprechen den üblicherweise an die Wissenschaften gestellten Forderungen zu deren nachvollziehbarer Überprüfung und öffentlicher Diskussion.

Zu bedenken bleiben trotz der quantitativ überwiegenden Vorteile eines solchen Ansatzes Fragen im Umgang mit wissenschaftlicher Ethik. Jemand, der seine Inhalte, Methoden und Ergebnisse möglichst offen und frei anderen zur Verfügung stellt, ist gegen mögliche, bösartig geführte Diskussionen wenig oder kaum geschützt. Vielfach zeigt sich, dass Wissenschaftler als (mit Aspetsberger gesprochen „eitle") Einzelkämpfer agieren und damit mutwilligen Angriffen leichter auf Gedeih und Verderb ausgeliefert sind, als sie dies in einer Gruppe und unter den Bedingungen nicht offenen Zugangs wären.

Das Pendant zu *Open Access* in Bezug auf das freie zur Verfügung Stellen von wissenschaftlichen Rohdaten, die erhoben (und unter Umständen bereits ausgewertet) wurden, ist der Ansatz, der sich hinter dem Begriff *Open Data* verbirgt. Murray-Rust (2008) beschreibt die Philosophie, die er hinter *Open Data* sieht, wie folgt:

> „Open Data (OD) is an emerging term in the process of defining how scientific data may be published and re-used without price or permission barriers. Scientists generally see published data as belonging to the scientific community, but many publishers claim copyright over data and will not allow its re-use without permission. This is a major impediment to the progress of scholarship in the digital age."

Ein grundlegendes Merkmal der *Open Data*-Bewegung, das über die eigentlichen und bereits bekannten Ansätze von *Open Access* hinausgeht, intendiert, dass nicht nur die „endgültigen, verdichteten Ergebnisse verfügbar gemacht werden, sondern auch die Rohdaten, detaillierte Methoden, Computercodes und den ‚vollständigen Output' offen zugänglich zu publizieren, um Ergebnisse wissenschaftlich reproduzierbar zu halten" (Sietmann 2009, S. 154).[223]

Sietmann (vgl. ebda., S. 156–157) führt zu den Vorteilen des Grundsatzes, Forschungsdaten anderen in offenen Lizenzmodellen zur Verfügung zu stellen, an, dass dies günstigen Falls dazu führen kann, dass man selbst Forschungsdaten bereitgestellt bekommt. Der große Nutzen für den Forschenden liegt also auch darin begründet, dass man sich in die Lage versetzt sieht, über jenes Datenmaterial zu verfügen, mit dem man einerseits wissenschaftliche Ergebnisse selbst überprüfen, andererseits aber wissenschaftliche Forschung auch begründen (i. S. v. anstoßen bzw. durchführen) kann.[224] Als Nachteile, die sich aus dem offenen Publizieren von Forschungsdaten ergeben, werden in der Literatur die Angst vor einem möglichen Missbrauch der bereitgestellten Daten sowie (subjektiv) empfundene Karrierenachteile angeführt.[225]

---

[223] Das Fälschen von Forschungsdaten ist häufig wesentlich schwieriger nachzuweisen als das Plagiieren von Texten, da kaum automatisierte Methoden bestehen, die eine Überprüfung ermöglichen. Häufig wird demnach in den Verfahren zum *Reviewing* der Ergebnisse auf die vollständige Wiederholung des Forschungsvorhabens zugunsten einer Prüfung der Plausibilität einiger Parameter verzichtet. In *Kap. 2* wurde bereits als Beispiel dafür, dass auch sehr prominente Forscher ihre Daten fälschen, der Physiker Jan Hendrik Schön genannt. Siehe dazu *Fußnote 40*.

[224] Als ein prominentes Beispiel aus den Geowissenschaften kann die Zeitschrift „Earth System Science Data (ESSD)" genannt werden, deren Kurzbeschreibung Folgendes zum Ausdruck bringt: „ESSD is an international, interdisciplinary journal for the publication of articles on original research data(sets), furthering the reuse of high (reference) quality data of benefit to Earth System Sciences. The editors encourage submissions on original data or data collections which are of sufficient quality and potential impact to contribute to these aims" („Aims and Scope" aus ESSD (2009):
https://www.earth-system-science-data.net/about/aims_and_scope.html).

[225] Eine Zusammenfassung der wesentlichen Merkmale und Diskussionspunkte „offener Wissenschaft" (*Open Science*) – unter den Bedingungen, die hier angesprochen wurden – findet sich in Thaney (2009).
Zudem bleibt zu bedenken, wem die (offen) publizierten Daten letztlich „gehören". Anonyme, eventuell durch Verrechnung erzielte Daten sind wohl im Eigentum des Urhebers. Empirisch

Ein wesentliches Kennzeichen der eben genannten Ansätze zur Qualitätssicherung in den Wissenschaften ist, dass diese überwiegend am letztlich zu beurteilenden Produkt (= dem wissenschaftlichen Beitrag und dessen Ergebnissen) ausgerichtet sind. Qualitätssicherung im Allgemeinen und die Vermeidung von Plagiatsfällen im Speziellen sind daneben jedoch auch Anliegen einer *Wissenschaftspädagogik*, mit deren überwiegend didaktischen Ansätzen man – neben dem zu beurteilenden Produkt – deutlicher die spezifische Situation der „Produzenten" (der Wissenschaftler) zu berücksichtigen versucht. Die Situation wird dabei als eine typische Lernsituation aufgefasst, die es möglichst erfolgreich zu bewältigen gilt. Das Verfassen wissenschaftlicher Beiträge wird unter diesen Bedingungen im sozialen, bildungswissenschaftlichen und didaktischen Kontext beschrieben. Die Vermittlung wissenschaftlicher Kompetenzen kann unter pädagogischen Gesichtspunkten als „Erziehung" zum (redlichen) Wissenschaftler gesehen werden, die notwendigen Maßnahmen dorthin als Schritte einer bewussten Entwicklung.

„Writing Across the Curriculum" (*WAC*) und „Writing in the Disciplines" (*WID*) sind zwei der bekanntesten, auch im Internet frei zugänglichen und gut dokumentierten Ansätze aus dem angelsächsischen Raum, die sich mit dem Entwickeln der notwendigen Schreibkompetenzen von (Nachwuchs-)Wissenschaftlern beschäftigen.[226] In beiden Ansätzen wird wissenschaftliches Schreiben als eine Form des Lernens gesehen, bei dessen Vermittlung all jene Kompetenzen berücksichtigt werden sollen, die es einem ermöglichen, die „Konstruktion von Wissen" (i. S. v. *Sense-making*) selbstständig umzusetzen. Dabei wird vielfach hervorgehoben, dass das mitunter sehr verschieden ausgeprägte, individuelle Entwicklungspotential der Studierenden für das Erlernen von wissenschaftlichem Schreiben berücksichtigt werden muss. Durch die Vermittlung entsprechender Fähigkeiten und Fertigkeiten soll einem wissenschaftlich Schreibenden letztlich ein ausreichendes Maß an Sicherheit im Umgang mit fremden und beim Entstehen eigener Texte gegeben werden. Die Sicherheit, über die nötigen Fähigkeiten zu verfügen und selbstständig wissenschaftlich arbeiten zu können, wird als pädagogisch-didaktische Grundvoraussetzung zum Erwerb einer zwingend notwendigen, redlichen Haltung angesehen, sodass der Vorgang des Plagiierens an einem selbst erkannt und bewusst vermieden werden kann.

Im deutschsprachigen Raum sind die Ansätze zu einer Schreibwissenschaft (Schreibdidaktik) relativ jung. Vielfach steht dabei auch noch zur Diskussion, ob das Vermitteln von Schreibkompetenzen innerhalb einer eigenen Wissenschaftsdisziplin oder doch innerhalb des jeweiligen Faches angesiedelt werden soll. Für

---

erhobene, möglicherweise durch einen Fragebogen erzielte Daten aus offenen Interviews sind wohl nur nach Rücksprache mit den „Datenlieferanten" frei publizierbar.
226 Einen guten Überblick zur Thematik liefern Bazerman u. a. (2005).

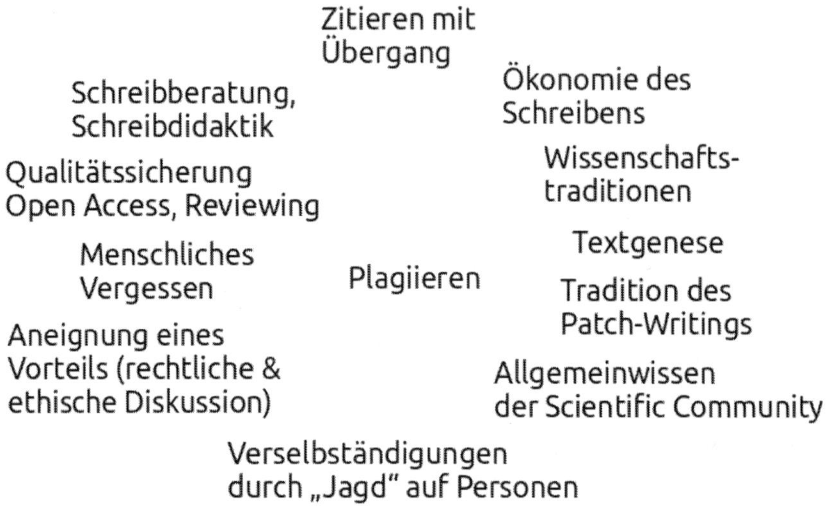

## 6 Zitieren versus Plagiieren

Zitieren mit Übergang

Schreibberatung, Schreibdidaktik

Ökonomie des Schreibens

Qualitätssicherung Open Access, Reviewing

Wissenschaftstraditionen

Menschliches Vergessen

Plagiieren

Textgenese

Tradition des Patch-Writings

Aneignung eines Vorteils (rechtliche & ethische Diskussion)

Allgemeinwissen der Scientific Community

Verselbständigungen durch „Jagd" auf Personen

**Abb. 6.1:** Das Plagiieren im Kontext.

beide Richtungen gibt es ausreichend Gründe.[227] Die Ansätze, die dabei nach Lemke & Hoffmann (2022) verfolgt werden, sind im Wesentlichen:

- Prozessorientierter Ansatz: Dieser Ansatz legt den Fokus auf den Schreibprozess selbst. Es geht darum, die Schreibenden zu befähigen, ihre Ideen zu entwickeln, zu strukturieren und zu überarbeiten. Hierbei werden Schreibstrategien und -techniken vermittelt, um den Schreibprozess zu erleichtern,
- Produktorientierter Ansatz: Im Gegensatz zum prozessorientierten Ansatz konzentriert sich dieser Ansatz auf das Endprodukt des Schreibens. Hier steht die Entwicklung von gut strukturierten und sprachlich korrekten Texten im Vordergrund. Es werden verschiedene Schreibformen und Textsorten eingeführt und Schreibkonventionen vermittelt,
- Genrespezifischer Ansatz: Dieser Ansatz zielt darauf ab, die spezifischen Merkmale und Konventionen verschiedener Textsorten und Genres zu vermitteln. Die Schreibenden lernen, die Anforderungen und Erwartungen bestimmter Genres zu verstehen und in ihren Texten umzusetzen. Dieser Ansatz kann in verschiedenen Disziplinen und Fachbereichen angewendet werden,
- Kollaborativer Ansatz: Bei diesem Ansatz liegt der Fokus auf der Zusammenarbeit und dem Austausch zwischen den Schreibenden. *Peer-Feedback* und *Peer-Editing* werden gefördert, um das Lernen und die Verbesserung der Schreibfä-

---

227 Die Für und Wider, die Schreibwissenschaft im deutschsprachigen Raum als eine eigene Fachdisziplin anzusehen, sind in Girgensohn, Haacke & Karsten (2021) zusammengefasst.

higkeiten zu unterstützen. Die Schreibenden profitieren voneinander, indem sie ihre Texte gemeinsam überarbeiten und diskutieren,
- Reflexionsbasierter Ansatz: Dieser Ansatz betont die Bedeutung der Reflexion über den eigenen Schreibprozess und die eigenen Schreibstrategien. Die Schreibenden werden ermutigt, über ihre Erfahrungen beim Schreiben nachzudenken, ihre Stärken und Schwächen zu identifizieren und gezielte Maßnahmen zur Verbesserung ihres Schreibens zu ergreifen.

Die hier vorgestellten Ansätze, wie dem Plagiieren begegnet bzw. entgegengewirkt werden kann, sind im Wesentlichen darauf zurückzuführen, dass in den Wissenschaften kein homogenes Bild zu den Vorstellungen vom „richtigen und guten" wissenschaftlichen Arbeiten wahrgenommen werden kann. Vielmehr sind diese Ansätze vom jeweiligen Verständnis der einzelnen *Fachkulturen* – mit ihren voneinander sehr verschiedenen Problemstellungen und Paradigmen der Konstruktion von „Wirklichkeit" – geprägt, in denen sie zur Anwendung gelangen. Für Studierende aber auch Wissenschaftler, die sich in einem ihnen neuen Kontext bewegen und arbeiten (publizieren), bedeutet dies die unbedingte Notwendigkeit, sich in adäquater Weise über die eben genannten „fachkulturell bedingten Regeln" zu informieren. Sei es, dass Entsprechendes (heutzutage) entweder über die Homepage der jeweiligen Institution bekannt gemacht ist oder in Druckform vorliegt.

Vergegenwärtigt man sich das begriffliche Umfeld, in dem Plagiieren gesehen und diskutiert wird, so zeigt sich ein vielgestaltiges Bild, das viele, sehr unterschiedliche Aspekte zeigt. In *Abb. 6.1* wurde der Versuch unternommen, dies graphisch darzustellen, ohne dabei auf Vollständigkeit abzuzielen.

# 7 Schön zitiert – was nun?

Werke über das bzw. zum wissenschaftlichen Arbeiten sind häufig stilistisch davon geprägt, dass deren Autoren konkrete Anleitungen in der Form von „Anweisungen" geben, die durchaus sehr strikt ausfallen können und den Eindruck erwecken, dass exakt in der beschriebenen Weise – und nicht anders – immer und in jedem Fall vorzugehen sei.[228] Dieses Merkmal ist hier nicht oder nur kaum anzutreffen – zumindest aus dem Grund, dass dies selbst beim Anspruch großer Genauigkeit nicht immer zielführend ist. Anweisungen wie „jede Fußnote beginnt mit einem Großbuchstaben und endet mit einem Punkt"[229] sind zu vereinfachend und in vielen Fällen entsprechend nicht hilfreich. Textumgebungen, die geschrieben oder zitiert werden, sind wesentlich komplexer, als dass diese sinnvoll auf solcherlei (gut gemeinte oder streng vorgeschriebene) Regeln reduziert werden könnten.

Zudem sollte hier ausreichend gezeigt worden sein, dass einerseits Organisationen wohlfeile Anleitungen anbieten, deren man sich bedienen kann, andererseits diese vielfältige Übereinstimmungen und Ähnlichkeiten zeigen, die darauf hinweisen, dass das *Herstellen von konsistenten Zitiermerkmalen* das Wesentliche ist – unabhängig davon, welchen Formvorschriften diese letztlich gehorchen.

Daneben ist zu beachten, dass innerhalb vielerlei Publikationsformen Zitierregeln ohnehin vorgegeben, nicht selbst entscheidbar und (mehr oder weniger einfach) nachzuvollziehen sind. Ob die Formvorschriften der Harvard-Methode, jene der *AMS* oder gar jene einer bestimmten Zeitschrift herangezogen werden können oder müssen, hat vielfältige Gründe und sollte nach meinem Verständnis nicht

---

228 Nach meiner eigenen, „bescheidenen" Erfahrung hat dies gerade bei StudienanfängerInnen zum Eindruck geführt, dass alles und jedes (= sämtliche bibliographischen Attribute) formal sinnvoll regelbar und genau so anzuwenden sei. Die zeitlich nicht zu unterschätzende Beschäftigung mit den Regeln führt mitunter zudem dazu, dass jeder Beistrich und Punkt allein formal regelhaft hinterfragt wird, ohne dabei besonders die *Funktion* bestimmter Merkmale einzuschätzen.
Die intensive Beschäftigung mit dererlei Themen ist ohnehin im Berufsbild von Bibliographen, Bibliothekaren und ähnlichen Berufen gut aufgehoben und hat letztlich zu umfangreichen Beschäftigungen damit geführt, die mit der Verbreitung zeitgemäßer, elektronischer (digitaler) Systeme zunehmend in Frage gestellt werden.
229 Diese Aussage ist stellvertretend und nicht als wörtlich wiedergegebenes Beispiel zu sehen; wenngleich ich davon ausgehe, dass diese oder zumindest eine solche leicht auffindbar ist.

# 7 Schön zitiert – was nun?

darauf reduziert werden, allein durch einen strikten und ausgeprägt regelhaften Apparat an Vorschriften im wissenschaftlichen Arbeiten abgebildet zu werden.[230]

Trotzdem darf nicht davon ausgegangen werden, dass eine weniger strikte Beschreibung von Regelhaftigkeiten gleichzeitig zu einer Verringerung der Ausprägung oder geringeren Beachtung der inneren Kontextmerkmale[231] des Zitierens führt oder führen darf.

---

[230] Trotzdem muss ich an dieser Stelle nochmals darauf hinweisen, dass gerade die am genauesten beschriebenen Zitierregeln der AMS auch jene sind, die dem Anwender gleichzeitig eine Vielzahl von Entscheidungsmöglichkeiten anbieten. Die konkrete Umsetzung der Zitierregeln der AMS ist auch in dem Sinn als „genau" zu verstehen, dass diese mathematisch (eben durch mathematisch exakte Formeln und Algorithmen) beschrieben sind. Als ein prominentes Beispiel ihrer Implementierung können die Programmpakete von LaTeX gesehen werden.

[231] Siehe dazu Kap. 2.1, in dem die Merkmale *Einfachheit, Regelmäßigkeit, Exaktheit, Nachvollziehbarkeit, Praktikabilität, Vergleichbarkeit* sowie die *produktspezifischen Eigenheiten* beschrieben sind.

# 8 Anhang

## 8.1 Anzeige von Rechercheergebnissen im Zitierformat: Beispiel einer kommerziellen Datenbank

Im Umgang mit Zitiervorschriften treffen auf einen, der wissenschaftliche Beiträge verfasst, im Wesentlichen zwei Anforderungen: Einerseits sind vorgegebene Regeln einzuhalten, die beschreiben, wie auf zitierte Werke verwiesen werden muss, andererseits entstehen praktische Herausforderungen, diese Regeln mit (möglichst umfangreicher) automatisierter Unterstützung umzusetzen. Die formalen Vorgaben, die im wissenschaftlichen Arbeiten üblicherweise gelten, wurden in den vorangegangenen Kapiteln besprochen. Die Herausforderungen, auf die man bei der praktischen Umsetzung stößt, werden nun nachfolgend in Beispielen aufgezeigt.

Im Abschnitt „Export" in *Abb. 8.1* wird auf jene Links der Kurzanzeige zu den bibliographischen Artikelinformationen hingewiesen, mit denen der Export dieser Informationen in den verschiedenen Zitierformaten gestartet werden kann. Die Betreiber der hier ausgewählten Datenbank ScienceDirect bieten momentan (Stand März 2024) den Export von bibliographischen Daten im kategorisierten Format *RIS* (*Research Information System Format*)[232], im Format für das Produkt RefWorks, für BibTeX sowie im *UTF8*-Format (als sog. *plain text* zur Übernahme in jede beliebige weitere Anwendung) an.

Nach der Auswahl der zu exportierenden Datensätze (Recherche-Treffer) werden diese über den meist lokal installierten Browser in einer Datei im nachfolgend abgebildeten/wiedergegebenen Format abgelegt. Diese Datei kann wiederum direkt in die Datenbank der eingesetzten Zitiersoftware importiert (geladen) und zum weiteren lokalen Verwalten von Literaturnachweisen verwendet werden.

Beispiel für das exportierte *RIS*-Zitierformat[233] von bibliographischen Informationen aus ScienceDirect:

---

232 Das von einer Vielzahl an Programmen unterstützt wird.
233 Die Bezeichnung *RIS* geht auf die Einführung dieses Datenformats durch *Research Information Systems* zurück.

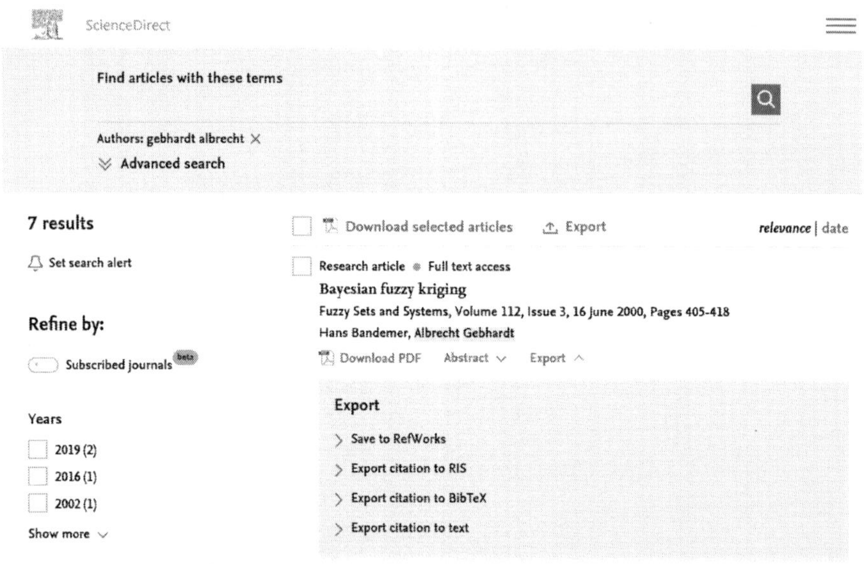

# 8 Anhang

**Abb. 8.1:** Kurztitelanzeige der bibliographischen Online-Datenbank *ScienceDirect* mit Ansicht der Option, Zitierinformationen zu exportieren.
Quelle: *http://www.sciencedirect.com*.

TY  -  JOUR
T1  -  Bayesian fuzzy kriging
JO  -  Fuzzy Sets and Systems
VL  -  112
IS  -  3
SP  -  405
EP  -  418
PY  -  2000/6/16
AU  -  Bandemer, Hans
AU  -  Gebhardt, Albrecht
SN  -  0165-0114
M3  -  doi: DOI: 10.1016/S0165-0114(97)00405-3
UR  -  http://www.sciencedirect.com/science/article/
       B6V05-44WKTFP-5/2/04f963d54e9ac6ce79758ec505e6eafc
KW  -  Probability theory and statistics
KW  -  Kriging
KW  -  Fuzzy random numbers
KW  -  Bayesian estimation

Da die exportierten bibliographischen Informationen in einem eindeutig kategorisierten und relativ einfach gehaltenen Datenformat[234] vorliegen, lassen sich diese in weiterer Folge nicht nur in die dafür vorgesehene Zitiersoftware laden, sondern mitunter zudem über ein einfaches Skript in weitere, ähnlich kategorisierte Formate umwandeln.[235]

Beispiel für das exportierte Zitierformat von bibliographischen Informationen aus *ScienceDirect* für die Übernahme in BibTeX:

@ARTICLE{Bandemer2000,
    AUTHOR = {Bandemer, Hans & Gebhardt, Albrecht},
    TITLE = {Bayesian fuzzy kriging},
    JOURNAL = {Fuzzy Sets and Systems},
    YEAR = {2000},
    VOLUME = {112},
    NUMBER = {3},
    PAGES = {405 - 418},
    ISSN = {0165-0114},
    DOI = {DOI: 10.1016/S0165-0114(97)00405-3},
    URL = {http://www.sciencedirect.com/science/article/B6V05-44WKTFP-5/2/04f963d54e9ac6ce79758ec505e6eafc},
    KEYWORDS = {Probability theory and statistics},
    KEYWORDS = {Kriging},
    KEYWORDS = {Fuzzy random numbers},
    KEYWORDS = {Bayesian estimation}}

Im Gegensatz zu anderen Datenformaten muss jenes von BibTeX nicht importiert oder für die Übernahme in eine geeignete Datenbank nachbearbeitet, sondern kann in dieser Form direkt übernommen (kopiert und eingefügt) werden. Als Feldbegrenzer sind im BibTeX-Format sowohl hochgestellte Doppelkommata (engl. *double*

---

[234] Die Kategorisierung erfolgt hier zweistellig, wobei diese überwiegend durch Buchstabenkombinationen (Kategorienbezeichner) beschrieben sind: *TY* = *Type* (hier: Journal), *T1* = *First Title* (Haupttitel), *JO* = *Journal Title*, *VL* = *Volume* (Band), *IS* = *Issue* (Heft), *SP* = *Start Page*, *EP* = *Endpage*, *PY* = *Publishing/Printing Year*, *AU* = *Author*, *UR* = *URL*, *KW* = *Keyword*, Stichwort, *M3* = *Miscellaneous* steht für ein (beliebiges) Feld; häufig – das heißt in vielen bibliographischen Datenbanken – lässt sich beobachten, dass das dritte Feld (also *M3*) für das Abspeichern der *Electronic Resource Number* (hier für den *DOI*) verwendet wird.

[235] Vgl. dazu auch das nachfolgende Beispiel einfach kategorisierter Daten im Format von BibTeX.

quotes, dt. *Anführungszeichen oben* = "...")[236] als auch geschweifte Klammern ({...}) zulässig.[237]

## 8.2 Anzeige von Rechercheergebnissen im Zitierformat: Beispiel einer nicht kommerziellen Datenbank

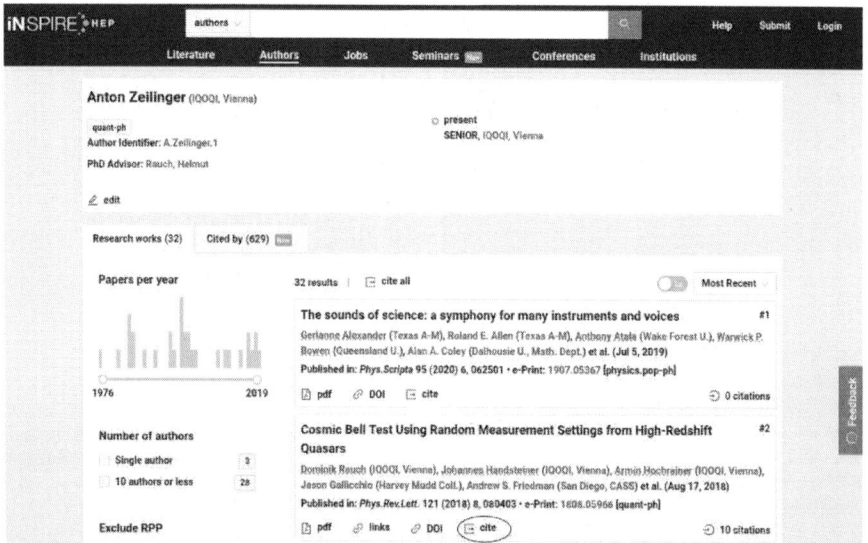

**Abb. 8.2:** Kurztitelanzeige der bibliographischen Online-Datenbank *HEP* (*High Energy Physics*) mit Kennzeichnung der Option, Zitierinformationen zu exportieren. Quelle: *https://inspirehep.net*.

Die Angebote der Datenbank High Energy Physics richten sich deutlich an die konkreten Bedürfnisse ihrer Zielgruppe: In den naturwissenschaftlichen Wissenschaftsgebieten (Fächern) ist der Einsatz von LaTeX im Publikationswesen sehr wichtig und für viele einschlägige Zeitschriftenproduzenten selbstverständlich. Aus diesem Grund überrascht auch das Angebot an Zitierformaten für LaTeX und dessen Programm BibTeX nicht weiter. In den Abbildungen erkennt man die übliche, bibliographische Kurztitelanzeige eines Aufsatzes, die den typischen Ausprägungen

---

236 Typographisch genaugenommen mit dem korrekten hexadezimalen Unicode-Zeichensatz-Wert *0022*. Bei genauer Betrachtung fällt die leichte Unterschiedlichkeit des Zeichens »"« (= Anführungszeichen aus dem Schreibmaschinensatz) zum Zeichen »"« (= Unicode-Zeichensatz-Wert *201D*) ohnehin auf. Wesentlich ist dieser Hinweis, wenn beobachtet wird, dass der verwendete Texteditor sich anders als erwartet verhält.
237 Weitere Beispiele zum Datenformat von BibTeX finden sich in *Kap. 5.2.2*.

## 8.2 Rechercheergebnisse im Zitierformat (Bsp. 2)

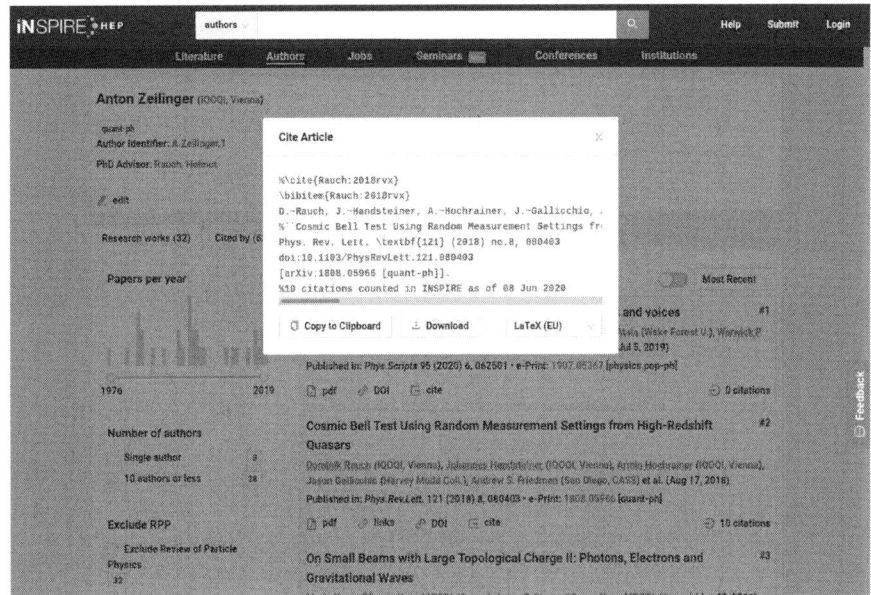

**Abb. 8.3:** Darstellung eines Eintrages im (schlecht „menschenlesbaren") Zitierformat für LaTeX; entnommen der bibliographischen Online-Datenbank *HEP* (*High Energy Physics*).
Quelle: *https://inspirehep.net*.

entsprechend gehalten ist, sowie in Folge die zugehörigen, über jeden Editor einfach importierbaren Zitierformate für LaTeX (*Abb. 8.3*) und (das besser „menschenlesbare") BibTeX (*Abb. 8.4*).

# 8 Anhang

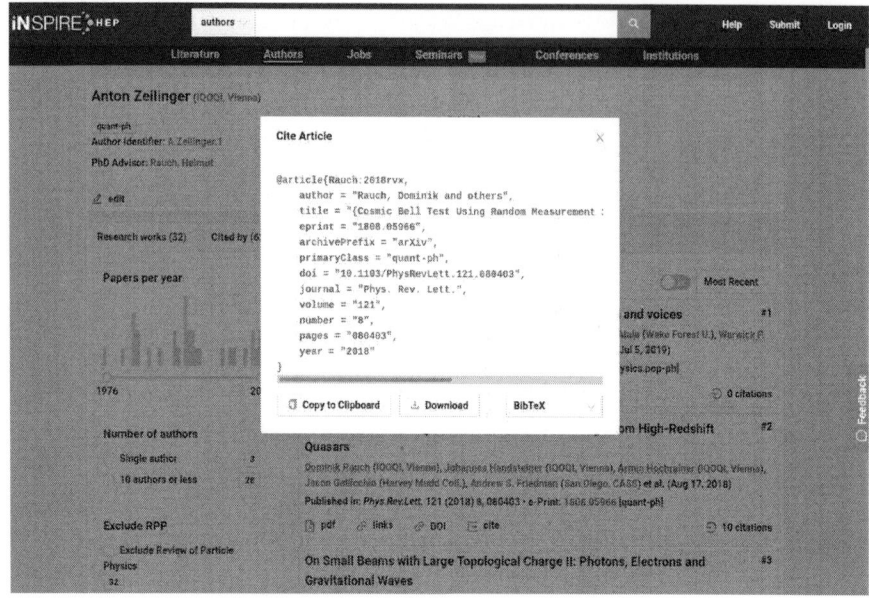

**Abb. 8.4:** Darstellung eines Eintrages im (besser „menschenlesbaren", kategorisierten) Zitierformat für das LaTeX-Programm BibTeX; entnommen der bibliographischen Online-Datenbank *HEP* (*High Energy Physics*).
Quelle: *https://inspirehep.net*.

## 8.3 Beispieldarstellung: Auswertung der Einträge einer Zitierdatenbank nach ihrer Ko-Zitierung

Mit der folgenden graphischen Darstellung wird versucht, inhaltliche Zusammenhänge zwischen publizierten Aufsätzen abzubilden, nachdem diese durch die Methode der Ko-Zitierung ausgewertet wurden. Dabei wurde nach einem Werk gesucht, das zeitlich vor allen anderen, mitausgewerteten Artikeln erschienen ist, und das in weiterer Folge in diesen mit einer bestimmten Anzahl (Häufigkeit) zitiert wurde. Das hier gefundene Werk („Engelbart") wird graphisch als Mitte (= visueller Ausgangspunkt) gewählt, alle weiteren betroffenen – sich gegenseitig zitierenden – Werke graphisch umliegend angeordnet. Die sich durch die Ko-Zitierung ergebenden Ketten[238] weisen auf inhaltliche Zusammengehörigkeit der zitierten Aufsätze hin, die

---

238 In diesem Fall spricht man auch von *Ästen* und *Verzweigungen*, deren metaphorischer Gehalt sich wohl aus der Art der Abbildung ergibt und sich so (in einer *Baumstruktur*) interpretieren lässt.

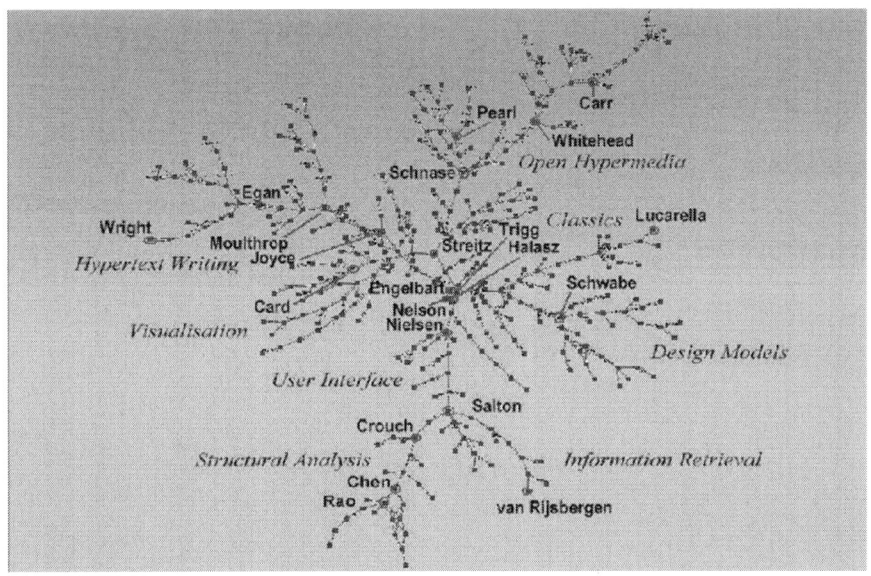

**Abb. 8.5:** Graphische Darstellung einer bibliometrischen Auswertung nach der Methode der *Ko-Zitierung*.
Quelle: Chen (1999, S. 415).

durch das Anbringen von Fachgebieten (bzw. unterschiedlichen Ausprägungen von Teildisziplinen) in *Abb. 8.5* verdeutlicht ist.[239]
In ähnlicher Weise ist *Abb. 8.6* zu interpretieren, wobei in dieser zudem der errechnete *Impact-Factor* (durch senkrechte Balken) der einzelnen Aufsätze mit eingetragen wurde. Dieser Ausschnitt der Gesamtauswertung zeigt, dass später publizierte Artikel mitunter einen höheren *Impact-Factor* erreichen, als jene, die inhaltlich für diese grundlegend waren, jedoch früher erschienen sind.

---

239 Vgl. dazu auch die Besprechung der zugehörigen Begriffe bzw. Interpretationsmuster der *Bibliometrie* in *Kap. 2.2*.

# 8 Anhang

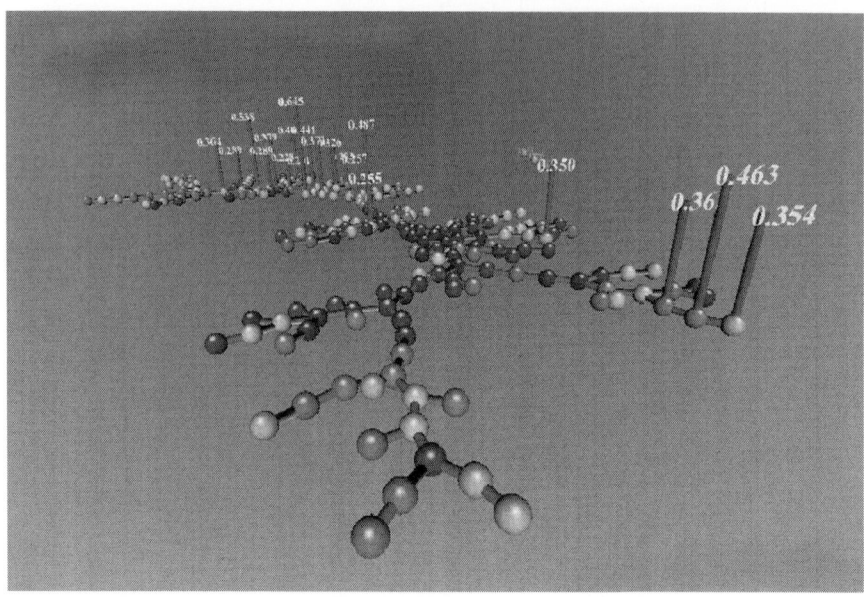

**Abb. 8.6:** Graphische Darstellung einer bibliometrischen Auswertung nach der Methode der *Ko-Zitierung* unter Berücksichtigung des *Impact-Factors*.
Quelle: Chen (1999, S. 414).

## 8.4 Beispieldarstellung: Literaturverzeichnis, nach der Harvard-Methode gestaltet

American Mathematical Society (2021): AMS Author Handbook. Überarbeitete Ausgabe (Revised) von (Februar) 2021. Amer, Providence (RI).
Online unter:
*https://www.ams.org/arc/handbook/index.html*

American Psychological Association (2020): American Psychological Association (2020): Publication Manual of the American Psychological Association. (= 7. Auflage). APA, Washington, DC.

Baeza-Yates, Ricardo & Ribeiro-Neto, Berthier (1999): Modern Information Retrieval. ACM Press, New York (NY).
Ausgewählte Kapitel online unter:
*https://web.cs.ucla.edu/~miodrag/cs259-security/baeza-yates99modern.pdf*

Eco, Umberto (1993): Wie man eine wissenschaftliche Abschlußarbeit schreibt. Doktor-, Diplom- und Magisterarbeit in den Geistes- und Sozialwissenschaften. 6., durchgesehene Auflage der deutschen Ausgabe. (= UTB Uni-Taschenbücher 1521). Verlag C. F. Müller, Heidelberg.

Fröhlich, Gerhard (1999): Das Messen des leicht Meßbaren. – Output-Indikatoren, Impact-Maße: Artefakte der Szientometrie? (= Online Mitteilungen der Österreichischen Bibliothekarinnen und Bibliothekare 65). S. 7–21.
Online unter:
*http://eprints.rclis.org/9115/*

Garfield, Eugene (1970): Citation indexing for studying science. In: Nature. Volume 227. S. 669–671.
Reprint online unter:
*https://www.garfield.library.upenn.edu/essays/V1p133y1962-73.pdf*

Garfield, Eugene (1972): Citation analysis as a tool in journal evaluation. In: Science. Volume 178. S. 471–479.
Reprint online unter:
*https://www.garfield.library.upenn.edu/essays/V1p527y1962-73.pdf*

Garfield, Eugene (1994): The Impact Factor. In: Current Contents print editions June 20, 1994. Volume 25. S. 3–7.

## 8.5 Beispieldarstellung: Literaturverzeichnis, nach den Stilvorgaben der AMS

[AMS21]   American Mathematical Society. AMS Author Handbook. Überarbeitete Ausgabe (Revised) von (Februar) 2021. Amer, Providence, 2021.
Online unter:
*https://www.ams.org/arc/handbook/index.html*

[APA20]   American Psychological Association. Publication Manual of the American Psychological Association. 7. Auflage. APA, Washington, DC, 2020.

[BAE99]   Baeza-Yates, Ricardo & Ribeiro-Neto, Berthier. Modern Information Retrieval. ACM Press, New York (NY), 1999.
Ausgewählte Kapitel online unter:
*https://web.cs.ucla.edu/~miodrag/cs259-security/baeza-yates99modern.pdf*

[ECO93]   Eco, Umberto. Wie man eine wissenschaftliche Abschlußarbeit schreibt. Doktor-, Diplom- und Magisterarbeit in den Geistes- und Sozialwissenschaften. 6., durchgesehene Auflage der deutschen Ausgabe. UTB Uni-Taschenbücher 1521. Verlag C. F. Müller, Heidelberg, 1993.

[FRÖ99]   Fröhlich, Gerhard. Das Messen des leicht Meßbaren. Output-Indikatoren, Impact-Maße: Artefakte der Szientometrie? In Online Mitteilungen der Österreichischen Bibliothekarinnen und Bibliothekare, 65:7–21, 1999.
Online unter:
*http://eprints.rclis.org/9115/*

[GAR70]   Garfield, Eugene. Citation indexing for studying science. In Nature, 227:669–671, 1970.
Reprint online unter:
*https://www.garfield.library.upenn.edu/essays/V1p133y1962-73.pdf*

[GAR72]   Garfield, Eugene. Citation analysis as a tool in journal evaluation. In Science, 178:471–479, 1972.
Reprint online unter:
*https://www.garfield.library.upenn.edu/essays/V1p527y1962-73.pdf*

[GAR94]   Garfield, Eugene. The Impact Factor. In: Current Contents print editions June 20, 1994. Volume 25. S. 3–7.

## 8.6  Beispieldarstellung: Quellennachweise in Fußnoten

Modelle, die weiters dem Anspruch von „Gültigkeit" genügen wollen, müssen nach Edmundson[26] den Postulaten der „inneren" und „äußeren" Eigenschaft Rechnung tragen. Sie müssen (1) „in sich folgerichtig und widerspruchsfrei sein"[27], das heißt „konsistent", und in ihren äußeren Eigenschaften[28] müssen sie (2) „im Verhältnis von Modell zu Original so ähnlich wie möglich sein"[29] (= *adäquat*).

Ist ein Modell in sich schlüssig – also konsistent – so bedeutet dies nicht, dass es zugleich „adäquat" ist. Diese Schlussfolgerung zur Adäquatheit der Modelle wird manchmal missachtet: Das Modell – als elegant durchdachte (konsistente) Erklärungsvariante des Originals – ist oft im Vordergrund der Erklärung eines Systems zu finden, während das Original als schwer zugängliches Verhältnis verschiedener Faktoren und Einfüsse zugunsten des Modells in den Hintergrund gedrängt wird.

Modelle sind demnach vom Verhältnis zum Original und den Interessen an diesem geprägt. In der Modellbildung lassen sich dabei zwei Arten unterscheiden: zum einen sind es in der deduktiven Bildung formal-logische Ableitungen (Hypothesen), die aufgrund einer Theorie aus einer Menge an formalen Aussagen über das abzubildende Geschehen abgefasst (logisch geschlossen) wurden; diese dürfen genau genommen auch nur in einem logisch eindeutigen System gebildet werden. Zum zweiten ist eine induktive Modellbildung erkennbar, die auf empirischen Daten aus dem konkreten Gegenstandsbereich beruht[30]. Die Modellbildung in der Kommunikations- und Kognitionsforschung ist prinzipiell von beiden Ansätzen beeinflusst, wenngleich eine Tendenz zur induktiven Modellbildung erkennbar ist.[31]

---

26  Edmundson, Harold (1967): Mathematical Models in Linguistic and Language Processing. In: Borko, Howard (Hrsg.) (1967): Automated Language Processing. Hover, New York. S. 33–96.
27  Ebda., S. 38.
28  Vgl. v. a. Hartmann, Peter (1965): Modellbildung in der Sprachwissenschaft. In: Studium Generale, Heft 18. S. 364–379.
29  Edmundson, a. a. O., S. 39.
30  Vgl. Hartmann, a. a. O., S. 367.
31  Vgl. Antilla, Raimo (1972): An Introduction to Historical and Comparative Linguistics. (= The MacMillan Series; Vol. 1). John Benjamins, Amsterdam.

Cohen & Nagel[32] weisen darauf hin, dass wir in der Modellbildung oft nach dem „Black box"-Prinzip vorgehen, das im Zusammenhang mit der Methodologie des Behaviorismus bereits zitiert wurde: „Was zwischen Eingang und Ausgang in der ‚Black box' vor sich geht, kann nicht unmittelbar beobachtet werden, sondern nur erschlossen werden."[33] Die Genauigkeit in der Modellbildung ist somit von der Genauigkeit in der Erfassung der Ein- und Ausgangsdaten abhängig, aus denen man auf die Vorgänge in der „Black box" schließt. Wenn in weiterer Folge die Vorstellung von einer „Black box" zitiert wird, so ist diese als wissenschaftliche Intuition und nicht wie im Fall des Behaviorismus (der als Forschungsparadigma abgelehnt wird) als Ideologie zu verstehen.

Bünting[34] ordnet „Black box"-Modelle prinzipiell der Gruppe der Simulationsmodelle zu, mit denen man versucht, in „dynamischer" Weise „Abläufe aus dem Original-Vorgang nachzuspielen"[35]. Gegenüber den Simulationsmodellen[36] – so Bünting – erklären „statische" Modelle nicht Abläufe und Vorgänge in der Black box, sondern „Zusammenhänge, Relationen in festen, starren, statischen Strukturen"[37].

---

[32] Cohen, Morris & Nagel, Ernst (1934): An Introduction to Logic and Scientific Method. Harcourt, New York.
[33] Ebda., S. 24, zitiert nach Gülich, Elisabeth & Raible, Wolfgang (1977): Linguistische Textmodelle, Grundlagen und Möglichkeiten. Fink, München. S. 14.
[34] Bünting, Karl Dieter (1971): Einführung in die Linguistik. Athenäum, Frankfurt am Main.
[35] Ebda., S. 26.
[36] S. a. Hartmann, a. a. O., S. 370.
[37] Bünting, a. a. O., S. 26.

Quelle: Jele (vgl. 1993, S. 69–70).

# 9  Abkürzungsverzeichnis

Die hier verzeichneten Abkürzungen sind ausschließlich jene, die im vorliegenden Text selbst vorkommen bzw. die im Umfeld der gängigen Zitierweisen häufig anzutreffen sind. Jene, von denen ich annehme, dass sie gemeinhin als bekannt angenommen werden können, werden nicht wiedergegeben.

Umfangreiche bzw. auf Vollständigkeit ausgelegte Abkürzungsverzeichnisse zu den Begriffen des Zitierens im wissenschaftlichen Arbeiten finden sich u. a. in Gibaldi (1999, S. 231–253) oder Eco (1993, S. 248–249).

| | |
|---|---|
| *a. a. O.* | am (zuletzt) angegebenen Ort (s. a. *loc. cit.*, *ebda.* sowie *ibid.*) |
| *Abs.* | Absatz |
| *Abschn.* | Abschnitt |
| *Anh.* | Anhang (s. a. *app.*) |
| *Anm.* | Anmerkung |
| *Anm. des Hrsg.* | Anmerkung des Herausgebers |
| *Anm. des Übers.* | Anmerkung des Übersetzers |
| *Anm. des Verf.* | Anmerkung des Verfassers |
| *anon.* | anonym |
| *app.* | Appendix, Anhang |
| *Art.* | Artikel (z. B. bei Gesetzestexten) |
| *Aufl.* | Auflage |
| *Ausg.* | Ausgabe |
| *Bd.* | Band |
| *Beil.* | Beilage |
| *betr.* | betreffend |
| *cf.* | *confer*, lat. für *vergleiche* |
| *coll.* | *collectio*, lat. für *Sammlung* |
| *d. h.* | das heißt (s. a. *i. e.*) |
| *ead.* | *eadem*, lat. für *derselbe*, *dieselbe* (z. B. Autor, s. a. *id.*) |
| *ebda.* | ebenda = am (zuletzt) genannten Ort (s. a. *a. a. O.*, *ibid.*, sowie *loc. cit.*) |
| *ebd.* | verwendet wie *ebda.* |

| | |
|---|---|
| ECR | *Expected Citation Rate* |
| ed. | *edidit, ediderunt*, lat. für *Herausgeber*, auch verw. für *herausgegeben, Editor* und *Edition* |
| e. g. | *exempli gratia*, lat. für *zum Beispiel* |
| engl. | englisch, aus dem Englischen |
| et al. | *et alii* bzw. *et aliae*, lat. für *und andere* (z. B. Autoren) |
| etc. | *et cetera*, lat. für *und so weiter* |
| f. bzw. ff. | folgende (Seite bzw. Seiten) |
| Fn. | Fußnote |
| geb. | gebunden |
| gen. | genannt |
| GPL | *General Public Licence* |
| GPT | *Generative Pre-trained Transformer* |
| Hg. bzw. Hrsg. | Herausgeber (s. a. *ed.*) |
| ibid. | *ibidem*, lat. für *am (zuletzt) angegebenen Ort* (s. a. *a. a. O., ebda.* sowie *loc. cit.*) |
| i. d. F. | in diesem Fall |
| id. | *idem*, lat. für *derselbe* (z. B. Autor) |
| i. d. S. | in diesem Sinn (zu verstehen) |
| i. d. W. | in dieser Weise |
| i. e. | *id est*, lat. für *das heißt* |
| ill. | illustriert (*Ill.* für Illustration) |
| i. S. v. | im Sinne von |
| J. | Jahr |
| Jahrg. bzw. Jg. | Jahrgang |
| lat. | lateinisch |
| Litverz. | Literaturverzeichnis |
| loc. cit. | *loco citato* lat. für *am angegebenen Ort* (s. a. *a. a. O., ebda.,* sowie *ibid.*) |
| Manus. bzw. MS | Manuskript |
| m. E. | mit Einschränkung(en) |
| m. u. | mitunter (i. S. v. *zuweilen*) |
| NB | *nota bene* lat. für *beachte!* |
| N | Note |
| NF | Neue Folge |
| o. J. | ohne Jahresangabe |
| o. O. | ohne Ortsangabe |
| op. cit. | *opere citato*, lat. für *im (soeben) zitierten/genannten Werk*. Wird in gleicher Weise wie *loc. cit.* verwendet |
| pass. | *passim*, lat. für *an verschiedenen Stellen* (eines zitierten Werkes). Wörtlich: da und dort zerstreut |

| | |
|---|---|
| *Pseud.* | Pseudonym |
| *resp.* | respektive, beziehungsweise |
| *s.* | siehe (s. a. *vid.*) |
| *S.* | Seite |
| *s. a.* | siehe auch |
| *sc.* | *scilicet*, lat. für *nämlich*, *ergänze* |
| *sic* | lat. für *so* (i. S. v. *in dieser Weise*). Hinweis darauf, dass die zitierte Quelle exakt so lautet; kann als Warnung oder Hinweis (mit ironischer Betonung) dienen |
| *s. o.* | siehe oben |
| *Sp.* | Spalte |
| *sq., sqq.* | *sequens, sequentes*, lat. für (nach-)*folgende* Seiten (s. a. *f. ff.*) |
| *s. u.* | siehe unten |
| *s. v.* | *sub voce*, seltener *sub verbo* (lat.). Hinweis auf ein Stichwort innerhalb eines alphabetisch (nach Stichwörtern) geordneten Nachschlagewerks |
| *Übers.* | Übersetzer |
| *v. a.* | vor allem |
| *Verf.* | Verfasser |
| *verw.* | verwendet (für) |
| *vgl.* | vergleiche (s. a. lat. *cf.*) |
| *vid.* | *vide*, lat. für *siehe* |
| *vol.* | *volumen*, lat. für *Band* (eines Werkes). Bandangabe im Englischen = *Volume* |
| *wdggb.* | wiedergegeben (hier für: *wörtlich* bzw. *sinngemäß*) |
| *Web* | gängige Kurzform für das *World Wide Web* (*WWW*) |
| *w. u.* | weiter unten (meint: *im Text weiter unten*) |
| *w. o.* | weiter oben (meint: *im Text weiter oben*) |
| *z. B.* | zum Beispiel (s. a. lat. *e. g.*) |

# 10   Raum für Notizen

# 10 Raum für Notizen

# 11 Abbildungsverzeichnis

2.1 Die sich ergebende Baumstruktur einer Ko-Zitierung . . . . . . . . . . . 24

3.1 Das Setzen von Fußnoten . . . . . . . . . . . . . . . . . . . . . . 37
3.2 Zitierattribute am Bsp. eines wörtlichen Zitats . . . . . . . . . . . . 39
3.3 Zitierattribute am Bsp. eines sinngemäß wdggb. Zitats . . . . . . . . . 40

5.1 Darstellung einer „typischen" Integration von Zitiersoftware . . . . . . 78
5.2 Zitiersoftware EndNote: Suchmaske für Z39.50-Server . . . . . . . . . 83
5.3 Zitiersoftware EndNote: Kurztitelanzeige und Vorschau . . . . . . . . 84
5.4 Zitiersoftware EndNote: Kopierparameter . . . . . . . . . . . . . . 85
5.5 Zitiersoftware EndNote: exportierter bibliogr. Eintrag . . . . . . . . . 86
5.6 Zitiersoftware Zotero: Web Libraries . . . . . . . . . . . . . . . . . 94
5.7 Zitiersoftware Zotero: Das Add-on für den Browser Firefox . . . . . . . 95
5.8 Zitiersoftware Zotero: Die Anzeige der bibliogr. Daten ... . . . . . . . 96
5.9 Zitiersoftware Zotero: Integration in die Textverarbeit. ... . . . . . . . 97

6.1 Das Umfeld des Plagiierens . . . . . . . . . . . . . . . . . . . . . 110

8.1 Online-Datenbank *ScienceDirect*: Zitierinf. exportieren . . . . . . . . . 116
8.2 Online-Datenbank *HEP*: Zitierinformationen exportieren . . . . . . . . 118
8.3 Online-Datenbank *HEP*: Zitierformat für LaTeX . . . . . . . . . . . . 119
8.4 Online-Datenbank *HEP*: Zitierformat für BibTeX . . . . . . . . . . . . 120
8.5 Bibliometrische Auswertung: Ko-Zitierung (Bsp. 1) . . . . . . . . . . . 121
8.6 Bibliometrische Auswertung: Ko-Zitierung (Bsp. 2) . . . . . . . . . . . 122

## 12 Literaturverzeichnis

## Nachweis der Quellen, die mit ihrer Kurzform zitiert wurden

AAU, Alpen-Adria-Universität Klagenfurt (2024): Maßnahmen der Alpen-Adria-Universität Klagenfurt betreffend Plagiate in wissenschaftlichen Arbeiten.
Online unter:
*https://www.aau.at/forschung/forschungsprofil/gute-wissenschaftliche-praxis/*

AMS, American Mathematical Society (2021): AMS Author Handbook. Überarbeitete Ausgabe (Revised) von (Februar) 2021. Amer, Providence (RI).
Online unter:
*https://www.ams.org/arc/handbook/index.html*

APA, American Psychological Association (2020): Publication Manual of the American Psychological Association. (= 7. Auflage). APA, Washington, DC.

Aspetsberger, Friedbert (Hrsg.) (2008): Beim Fremdgehen erwischt! Zu Plagiat und „Abkupfern" in Künsten und Wissenschaften. Was sonst ist Bildung. (= Schriftenreihe Literatur des Instituts für Österreichkunde, Bd. 21). Studienverlag, Innsbruck.

Aspetsberger, Friedbert (2008): Eine Art Einleitung, aus der bemerkenswerterweise nichts hervorgeht. Vulgärpsychologische Hinweise zum Betrug in allen Lebenslagen und in Kunst und Wissenschaft. In: Aspetsberger, Friedbert (Hrsg.) (2008), S. 32–103.

Baeza-Yates, Ricardo & Ribeiro-Neto, Berthier (1999): Modern Information Retrieval. ACM Press, New York (NY).
Online unter:
*https://web.cs.ucla.edu/~miodrag/cs259-security/baeza-yates99modern.pdf*

Bazerman, Charles u. a. (2005): Reference Guide to Writing Across the Curriculum. Parlor Press, West Lafayette (IN).
Online unter:
*https://wac.colostate.edu/books/referenceguides/bazerman-wac/*

## 12 Literaturverzeichnis

BingAI (2024): KI-gestützte Suchmaschine, die GPT als Large Language Model (LLM) integriert. Microsoft, Redmond.
Online unter:
*https://www.bing.com*

Blum, Susan Debra (2009): My Word! Plagiarism and College Culture. Cornell University Press, Ithaca (NY).

ChatGPT (2024): Textbasiertes Dialogsystem (Chatbot) auf der Basis Künstlicher Intelligenz. (GPT = Generative Pre-trained Transformer). OpenAI, San Francisco (USA).
Online unter:
*https://chat.openai.com*

Chen, Chaomei (1999): Visualising semantic spaces and author co-citation networks in digital libraries. In: Information Processing and Management. Volume 35. S. 401–420.
Online unter:
*https://doi.org/10.1016/S0306-4573(98)00068-5*

Dreyfürst, Stephanie; Liebetanz, Franziska & Voigt, Anja (2018): Das Writing Fellow-Programm. Ein Praxishandbuch zum Schreiben in der Lehre. W. Bertelsmann Verlag, Bielefeld.

Eco, Umberto (1993): Wie man eine wissenschaftliche Abschlußarbeit schreibt. Doktor-, Diplom- und Magisterarbeit in den Geistes- und Sozialwissenschaften. 6., durchgesehene Auflage der deutschen Ausgabe. (= UTB Uni-Taschenbücher 1521). Verlag C. F. Müller, Heidelberg.

ESSD (2009): Earth System Science Data. Copernicus Publications, Göttingen.
Online unter:
*https://www.earth-system-science-data.net*

Fröhlich, Gerhard (1999): Das Messen des leicht Meßbaren. – Output-Indikatoren, Impact-Maße: Artefakte der Szientometrie? (= Online Mitteilungen der Österreichischen Bibliothekarinnen und Bibliothekare 65). S. 7–21.
Online unter:
*http://eprints.rclis.org/9115/*

Fröhlich, Gerhard (2008): Plagiate und unethische Autorenschaft. In: Aspetsberger, Friedbert (Hrsg.) (2008), S. 119–144.

Furchner, Ingrid; Ruhmann, Christa & Tente, Christina (1999): Von der Schreibberatung für Studierende zur Lehrberatung für Dozenten. In: Kruse, Jakobs & Ruhmann (Hrsg.) (1999), S. 61–72.

Garfield, Eugene (1970): Citation indexing for studying science. In: Nature. Volume 227. S. 669–671.
Reprint online unter:
*http://www.garfield.library.upenn.edu/essays/V1p133y1962-73.pdf*

Garfield, Eugene (1972): Citation analysis as a tool in journal evaluation. In: Science. Volume 178. S. 471–479.
Reprint online unter:
*http://www.garfield.library.upenn.edu/essays/V1p527y1962-73.pdf*

Garfield, Eugene (1994a): Comparing Apples to Apples in Evaluation Research. Nachdruck, orig. publiziert in: Current Contents, Vol. 37, S. 3–7.
Online unter:
*https://clarivate.com/webofsciencegroup/essays/expected-citation-rates-half-life-and-impact-ratio/*

Garfield, Eugene (1994b): The Impact Factor. In: Current Contents print editions June 20, 1994. Volume 25. S. 3–7.

Gemini (2024): KI-gestützte Suchmaschine, die aktuell PaLM (Pathways Language Model) als Sprachmodell integriert. Google, Mountain View.
Online unter:
*https://www.gemini.com*

Gibaldi, Joseph (2016): MLA Handbook for Writers of Research Papers. Eighth Edition. Large print. The Modern Language Association of America, New York (NY). Aktualisierung, Korrekturvermerke und Nachträge online unter:
*https://www.mla.org/*

Gibaldi, Joseph (1999): MLA Style Manual and Guide to Scholarly Publishing. 2. Auflage. The Modern Language Association of America, New York.
Aktualisierung, Korrekturvermerke und Nachträge online unter:
*https://www.mla.org/*

Gimpel, Henner u. a. (2023): Unlocking the power of generative AI models and systems such as GPT-4 and ChatGPT for higher education: A guide for students and lecturers. (= Hohenheim Discussion Papers in Business, Economics and Social Sciences No. 02-2023). Universität Hohenheim, Fakultät Wirtschafts- und Sozialwissenschaften, Stuttgart.
Online unter:
*https://hdl.handle.net/10419/270970*

Girgensohn, Katrin; Haacke, Stefanie & Karsten, Andrea (2021): Disziplin Schreibwissenschaft? Kritische Überlegungen zur Entwicklung einer „Practical Art". In: Huemer, Birgit u. a. (Hrsg.) (2021): Schreibwissenschaft – eine neue Disziplin. Diskursübergreifende Perspektiven (= Schreibwissenschaft, Bd. 2). Böhlau, Wien. S. 25–47.

Gruber, Helmut; Huemer, Birgit & Rheindorf, Markus (2009): Wissenschaftliches Schreiben. Ein Praxisbuch für Studierende der Geistes- und Sozialwissenschaften. Böhlau, Wien.

Hirsch-Weber, Andreas; Loesch, Christina & Scherer, Stefan (Hrsg.) (2019): Forschung für die Schreibdidaktik: Voraussetzung oder institutioneller Irrweg? Beltz Verlagsgruppe, Weinheim.

Horstkotte, Hermann (2009): Doktorfabrik geht pleite. Windige Promotionsberater. In: Spiegel Online. Unispiegel. 27.01.2009.
Online unter:
*https://www.spiegel.de/unispiegel/studium/0,1518,603647,00.html*

Jele, Harald (1993): You me downtown movie fun. Untersuchung zur Modellierung von Textverstehen und deren Strukturierung. Dissertation, Universität Klagenfurt.

Jele, Harald (2001): Informationstechnologien in Bibliotheken. Oldenbourg, München.

Jele, Harald (2003): Wissenschaftliches Arbeiten in Bibliotheken. Einführung für Studierende. 2. Auflage. Oldenbourg, München.

Kleinberg, Jon (1998): Authoritative sources in a hyperlinked environment. In: Proceedings of the 9th ACM-SIAM Symposium on Discrete Algorithms (SODA). S. 668–677.
Online unter:
*https://www.cs.cornell.edu/home/kleinber/auth.pdf*

Kopka, Helmut (2000): LaTeX. Einführung (= Bd. 1). Addison-Wesley, München.

Kruse, Otto; Jakobs, Eva-Maria & Ruhmann, Gabriela (Hrsg.) (1999): Schlüsselkompetenz Schreiben. Konzepte, Methoden, Projekte für Schreibberatung und Schreibdidaktik an der Hochschule. Luchterhand, Neuwied.

Kruse, Otto & Ruhmann, Gabriela (1999): Aus Alt mach Neu: Vom Lesen zum Schreiben wissenschaftlicher Texte. In: Kruse, Jakobs & Ruhmann (Hrsg.) (1999), S. 109–121.

Lemke, Valerie & Hoffmann, Lea (2022) (Hrsg.): Schreibdidaktik (= Literaturhinweise zur Linguistik, Bd. 12). Universitätsverlag Winter, Heidelberg.
Online unter:
*https://doi.org/10.33675/2022-82538572*

Leschke, Jonas & Salden, Peter (2023) (Hrsg.): Didaktische und rechtliche Perspektiven auf KI-gestütztes Schreiben in der Hochschulbildung. Ruhr-Universität Bochum, Universitätsbibliothek. Bochum.
Online unter:
*https://doi.org/10.13154/294-9734*

Li, Xia & Crane, Nancy B. (2000): Electronic Styles. A Handbook for Citing Electronic Information. 3. Auflage. Information Today Inc., Medford (NJ).

Lindey, Alexander (1952): Plagiarism and Originality. Harper, New York.

Marx, Werner; Schier, Hermann & Wanitschek, Michael (2001): Citation analysis using online databases. Feasibilies and shortcomings. In: Scientometrics. Volume 52, Issue 1. S. 59–82.

Mattern, Friedemann (2002): Zur Evaluation der Informatik mittels bibliometrischer Analyse. In: Informatik Spektrum. Volume 25, Issue 1. S. 22–32.
Online unter:
*https://dx.doi.org/10.1007/s002870100202*

Murray-Rust, Peter (2008): Open Data in Science. In: Serials Review. Volume 34, Issue 1. S. 52–64.
Online als Preprint der Nature Precedings unter:
*https://www.researchgate.net/publication/334484863_Open_Data_in_Science*

Poenicke, Klaus (1988): Wie verfaßt man wissenschaftliche Arbeiten? Ein Leitfaden vom ersten Semester bis zur Promotion. 2., neu bearbeitete Auflage. (= Die Duden-Taschenbücher: Bd. 21). Dudenverlag, Mannheim.

Prexl, Lydia (2019): Mit digitalen Quellen arbeiten. Richtig zitieren aus Datenbanken, E-Books, YouTube und Co. (= UTB 4420). 3., aktualisierte und überarbeitete Auflage. Verlag Ferdinand Schöningh, Paderborn.

Runkehl, Jens & Siever, Torsten (2000): Das Zitat im Internet. Ein Electronic Style Guide zum Publizieren, Bibliographieren und Zitieren. 2. Auflage. Revonnah, Hannover.

Sietmann, Richard (2009): Rip.Mix.Publish. Der Wissenschaft steht ein radikaler Wandel im Umgang mit Forschungsdaten bevor. In: c't – Magazin für Computertechnik. Heft 14, S. 154–161.

Sparck Jones, Karen & Willet, Peter (1997): Introduction into Models. In: Sparck Jones, Karen & Willet, Peter (Hrsg.) (1997): Readings in Information Retrieval. (= The Morgan Kaufmann Series in Multimedia Information ans System). Kaufmann, San Francisco (CA). S. 257–264.

Springer (2024): Manuskriptrichtlinien und Downloads für deutsche Bücher.
Online unter:
*https://www.springer.com/de/autoren-herausgeber/deutsche-publikationen/ buchautoren/buchautoren-manuskript-richtlinien*

Stieler, Wolfgang (2002): Tiefer Fall. Skandal um Datenfälschung erschüttert Bell Labs. In: c't – Magazin für Computertechnik. Heft 21, S. 66–67.

Thaney, Kaitlin (2009): Laying out the Principles of Open Science. Vortrag am „Open Science workshop :: PSB 2009", 5.1.2009, Big Island of Hawaii.
Online unter:
*https://de.slideshare.net/kaythaney/laying-out-the-principles-of-open-science-presentation*

Tüür-Fröhlich, Terje (2018): Eine „autoritative" Datenbank auf dem Prüfstand: Der Social Sciences Citation Index (SSCI) und seine Datenqualität. In: Information – Wissenschaft und Praxis. Band 69, Heft 5–6, S. 265–275.
Online unter:
*https://doi.org/10.1515/iwp-2018-0050*

Voigt, Anja (Hrsg.) (2018): Lehren und Lernen mit Writing Fellows. Beiträge zur Forschung, Evaluation und Adaption. (= Theorie und Praxis der Schreibwissenschaft 4). wbv Media, Bielefeld.
Online unter:
*https://doi.org/10.3278/6004628w*

Winkler, Anthony & McCuen, Jo Ray (1994): Writing the Research Paper. A handbook. With Both the MLA and APA Documentation Styles. Fourth Edition. Hartcourt Brace College Publishers, Fort Worth.

Wiegand, Dorothee (2001): Mit fremden Federn schmücken. Sieben Programme, die automatisch Zitate und Literaturlisten erstellen. In: c't – Magazin für Computertechnik. Heft 26, S. 192–197.

Wiegand, Dorothee (2023): Mach mir die Sätze schön. Deepl, LanguageTool & Co.: Vier KI-gestützte Textverbesserer. In: c't – Magazin für Computertechnik. Heft 7, S. 120–125.

## Nachweis der Quellen, die über ihren URL zitiert wurden

*https://ftp.math.utah.edu/pub/bibsearch/index.html*: BibSearch – Frontend. Fast searching in BibTeX-databases.

*https://ftp.math.utah.edu/pub/bibtools.html*: BibTeX bibliography database archives and tools.

*https://ftp.math.utah.edu/pub/tex/bibtex/*: Sammlung von BibTeX-Style-Files für unterschiedlichste Formvorschriften (Zitiervorschriften).

*https://library.unimelb.edu.au/recite/referencing-styles/chicago-b*: Die Chicago Methode (als Zitierstil). Richtlinien der Universität Melbourne.

*https://mjl.clarivate.com/*: Homepage zu den gängigen, häufig angeführten Zitationsdatenbanken: *Science Citation Index (SCI)*, *Social Sciences Citation Index (SSCI)*.

*https://clarivate.com/*: Beschreibung der statistischen Kennzahlen des *Science Citation Index* (*SCI*) und des *Social Sciences Citation Index* (*SSCI*), die beide später in das Produkt „WebOfScience" übergeführt wurden.

*https://www.dfg.de/gwp*: DFG, Deutsche Forschungsgemeinschaft (2013): Empfehlungen der Kommission „Selbstkontrolle in der Wissenschaft". Vorschläge zur Sicherung guter wissenschaftlicher Praxis.

*https://www.gnu.org/*: Referenzseite der *Free Software Foundation* (*FSF*); s. besonders die Texte zum Lizenzmodell der *GPL* (= *General Public Licence*).

*https://www.sciencedirect.com/*: Kommerzielle Volltextdatenbank mit überwiegend naturwissenschaftlicher Ausrichtung.

*https://www.zotero.org/*: Zitiersoftware. Your personal research assistant. Zotero is a free, easy-to-use tool to help you collect, organize, annotate, cite, and share research.

# 13 Begriffsindex

AMS, 18, 56
APA, 42
AV-Medien, 60
Abbildung, 60
Aberkennungsverfahren, 100
Abschreiben, 15
Add-on, 79
Adelsprädikat, 31
Adelstitel, 31
Aktualisierbarkeit, 34
Allgemeingut, 15
Allgemeinwissen, 15
Alphabetischer Katalog, 30
altruistisches Plagiat, 100
American Mathematical Society, 56
American Psychological Association, 42
Anführungszeichen, 37, 41, 42
Anker (AMS), 56
Anker (Harvard-Methode), 43
Anmerkung (Stilmittel), 38, 40
Anmerkungsnote, 36, 38
anonymes Werk, 30, 46
Anthologie, 30, 31, 46, 47
Anzeigeformat, 77
Anzeigeparametrisierung (BibTeX), 90
Anzeigeparametrisierung, 77
Archivquelle, 34
Auflagenstand, 19, 34
Auflagenwerk, 31, 47

Auflagenzahl, 30
Aufsatz, 20, 30, 31, 47, 55, 118
Aufsatzsammlung, 30, 31, 35, 47
Ausgangswerk, 23, 24
Auslassung, 37
Ausrückung, 39
Austauschformat, 77
Authorities, 23
Authority-File, 26
Autoplagiat, 100
Autorenkatalog, 30
Autorenkollektiv, 27
Autorenname (Schreibweise), 32
Autorenwerk, 31, 32, 33, 48

Bandtitel, 33
Bard, 70
Baumstruktur (Ko-Zitierung), 23, 24, 120
Bedeutungszusammenhang, 40
Begutachtung, 21
Belegverweisung, 58
Benachteiligung, 26
Betrugsbereitschaft, 105
BibTeX (Einsatz), 86
BibTeX (bibliogr. Kategorien), 88
BibTeX, 117, 118
BibTeX, Zitiersoftware, 76
Bibliographie, 19, 20, 30, 39, 45, 59, 75, 77

143

# 13 Begriffsindex

bibliographische Datenbank, 77, 79, 83
bibliographisches Zitat, 39
Bibliometrics, 22
Bibliometrie, 22, 25, 121
bibliometrische Kennzahl, 25
bibliometrisches Verfahren, 23
Bibliothek, 18
Bibliothekskatalog, 26, 30, 77
Bildinformation, 81
Bildmaterial, 60
Bildplagiat, 100
BingAI, 71
Books on demand, 29
Briefwechsel, 18
Buch, 29
Buchdruckform, 29
Bundesgesetzblatt, 32

CD-ROM, 32
ChatGPT, 72
Chatbot, 70
Citation Index, 20, 23
Cited half-life, 23
Co-citation, 23
Co-citing, 23
Computational Statistics, 22
Creative Writing, 104

DFG, 26
DNB, 26
DOI, 117
DVD, 32
Darstellung (AMS), 56
Datenformat, 29, 81
Datenlink, 80
Datenmaterial, 17
Datenmaterial aus zweiter Hand, 19
Datenpool, 79
Datensatzformat, 76
Datenstruktur, 79

Dauerhaftigkeit, 34
Detailtreue, 18
Deutsche Forschungsgemeinschaft, 26
Die Deutsche Bibliothek, 26
Digital Object Identifiers (DOI), 65
Diplomarbeit, 15, 32, 33, 50
Diskette, 32
Diskussionsforum (online), 87
Diskussionsrunde, 16
Dissertation, 32, 33, 45, 50, 58
Dokumentationsstelle, 18
Drucken, 35
Durchführungsverordnung, 80

E-Book, 29
ECR, 23
ETH-Zürich, 26
eckige Klammer, 45
Ehrenautorenschaft, 25
Eidgenössische Technische Hochschule Zürich, 26
Einfachheit, 17, 80
Einrückung, 39
elektronische Publikation, 32, 34, 48
Ellipse, 37
Email, 18
EndNote, Zitiersoftware, 82
Endnote, 36, 38
Ergänzung, 37
Ergänzung bibliogr. Information, 45
Erklärungsaufwand, 40
Erscheinungsjahr (Harvard-Methode), 43, 45, 58
Erscheinungsjahr, 38
Erstautorenschaft, 26
Erstzitat (Stelle), 59
Erweiterbarkeit, 34
Evaluierungsverfahren, 21, 22
Exaktheit, 18, 80
Expected Citation Rate, 23

FSF, 78
Fachbibliographie, 77
Fachkollege, 19
Fachkulturen, 99
Fälschen, wissenschaftliches, 106
Festschrift (Beitrag), 49
Festschrift, 30, 32, 46, 48
Firewall, 83
Flüchtigkeit (Online-Inhalte), 64
Flurname, 31
Folgewerk, 23
Formmerkmal, 17
Formvorschrift (Harvard-Methode), 43
Formvorschrift, 79, 80
Forschungsevaluation, 21
Forschungsfeld, 24
Forschungsfinanzierer, 25
Forschungsförderer, 25
Forschungsfront, 24
Fortschrittsdauer (AMS), 56
Free Software Foundation, 67, 78, 141
freie Software, 81
Fremdzitat, 26
Frontgröße, 24
Fußnote (AMS), 56
Fußnote (Harvard-Methode), 44
Fußnote, 36, 38, 40, 41

GPL, 78
GPT, 69
Gemini, 70
Genauigkeit, 18, 40
General Public Licence, 78
Gesamttitel, 30, 33
Gesamtwerk, 33
Geschichte (Wissenschaftsfach), 58
Gesetzestext, 32, 49
Ghost Writing, 106
gift authorship, 26
Git, 90

Graphentheorie, 22, 23
Graphiken, 60
graue Literatur, 18
Grundregel, 17

Habilitation, 33, 50
Handschrift (Quelle), 58
Handschrift, 16
hängende Zeile, 39
Harvard-Methode, 18, 43
Häufigkeitswert, 22, 23, 26
Haupttitelseite, 45
Herausgeberwerk, 30, 33, 50
Hinweis (Stilmittel), 38
Hinweise für Autoren, 16
Hochschulschrift (publizierte), 50
Hochschulschrift, 32, 33, 50
Hochstellung (Schrift), 39
Hubs, 23
Hyperlink, 80

ISO Z39.50, 78, 83
Ideenplagiat, 100
Identifikationsnummer, 19
Impact Ratio, 23
Impact-Factor, 22, 25, 121
indirektes Zitat, 39
Indizierung, 76
inhaltliches Zitat, 39
Interpolation, 37
Interpretation, 16
Interpretationsaufwand, 17

KI, Künstl. Intelligenz, 68
Katalog, 11, 18, 19
Kategorie, 43, 46, 58, 76, 85, 117
Kategorien (BibTeX), 90
Kategorienbezeichner (BibTeX), 91
Kategorienbezeichner (EndNote), 117
Kategorienbezeichner, 76
kategorisierte Information, 76

## 13 Begriffsindex

Kategorisierung, 117
Ko-Verlinkung, 23
Ko-Zitieranalyse, 23, 120
Ko-Zitierung, 23, 24, 120
Kodex, 33
Kolophon, 16
Kommentar (Stilmittel), 38
Kompilieren, 80
Kompilierung (Textzusammenstellung), 80
Kongressbericht, 20, 30, 33, 46, 51
Konnotation, 40
Körperschaftswerk, 33, 51
Korrespondenz, 18
Korrigierbarkeit, 34
Kurzform (AMS), 56
Kurzform (Harvard-Methode), 43
Kurzform, 18, 38, 79, 86

LaTeX, 75
Langform, 18, 79
Leistungsmessung, 21
Lesbarkeit, 38, 39, 41, 56
Library of Congress, 26
Link (AMS), 56
Link (Harvard-Methode), 43, 45
Link (stabiler), 18, 64
Link, 80
Link-Verzeichnis, 23
Literaturdatenbank (BibTeX), 90
Literaturdatenbank, 76–79, 83
Literaturverzeichnis (AMS), 56, 57, 58, 124
Literaturverzeichnis (Belegverweisung), 59, 60
Literaturverzeichnis (EndNote), 85
Literaturverzeichnis (Harvard-Methode), 43, 45, 123
Literaturverzeichnis, 18, 20, 29, 31, 38, 39, 75, 76, 77, 79
Lizenz, 29

Lizenzausgabe, 33, 51
lokale Speicherung, 79
London School of Economics, 84

MAB-Format, 77
MARC-Format, 77
MLA, 42, 43
Makro, 76
Manuskript (Quelle), 58
Manuskript, 16
Massenuniversität, 105
Masterarbeit, 33, 50
mehrbändiges Werk, 33, 52
Mehrfachbezug (Harvard-Methode), 44
Mehrfachverweis (Harvard-Methode), 44
Mehrfachverweis (in Fußnoten), 59
Modetrend, 21
Monographie, 29, 32, 33, 52
mündliche Informationen, 60
mündliches wiss. Arbeiten, 16
Mündlichkeit, 16

NBM, 32
Nachdruck, 31, 33, 34, 52
Nachlassmaterial (Quelle), 58
Nachlassverwalter, 18
Nachvollziehbarkeit, 19, 80
Nachweis, 15, 16, 17, 19, 20, 36, 38, 58, 59
Namensgleichheit, 26
Newsgroups, 87
nicht selbstständig erschienenes Werk, 30, 31, 34, 36
Nicht-Buch-Form, 32
Nicht-Buch-Medium, 32
Nicht-Text-Inhalt, 60
Nichtdiskriminierung, 26
Nominalkatalog, 30
Normalform, 30

Normdatenbank, 26
Notationssystem, 17
Nummernsystem (AMS), 56

Obsolescence Indicator, 23
öffentliches Gespräch, 16
On demand (Produktion), 35
Online-Form, 60
Online-Inhalte, 63
Online-Publikation (anonymes Werk), 53
Online-Publikation, 30, 32, 34, 53
Online-Quelle, 34
Open Access, 107
Open Data, 108
Open Science, 108
Ordnungskriterium, 18, 45
Originaltext, 40
Österreichischer Verbundkatalog, 46

PND, 26
Page-Ranking, 23
Paraphrase, 41
Paraphrasierung, 41
Patch-Writing, 102
Peer-Review, 21
Periodikum, 34
Permalink, 65
Persistent Identifier (PI), 65
Persistent Uniform Resource Locator (PURL), 65
Personennamendatei, 26
Personennameneintrag, 26
Personennamennormdatenbank, 26
Philologie, 58
Plagiat, 99
Plagiatserkennung (Software), 101
Plagiieren, 99
Plug-in, 79
Portnummer, 83
Positionsangabe (AMS), 56

Positionsangabe (AV-Medien), 61
Positionsangabe (Harvard-Methode), 44
Positionsangabe, 80
Positionsmarke, 39, 80
Praktikabilität (AMS), 56, 57
Praktikabilität (Harvard-Methode), 43
Praktikabilität, 19, 80
Pre-Print-Server, 35
Primär-Material, 19
Primärliteratur, 80
Primärquelle, 17
produktspezifische Eigenheit (AMS), 56
produktspezifische Eigenheit, 20
Prompt, der, 70
Prompting, das, 70
Publikationsdatum, 34
Publikationsform, 32
Publikationspflicht, 32

Qualitätskontrolle, 21, 77
Qualitätssicherung, 99, 107, 109
Quelle (Vermerk), 61
Quelle, 36, 39
Quellenangabe (AMS), 56
Quellenangabe (Harvard-Methode), 43
Quellenangabe (in Fußnoten), 58
Quellenangabe, 29, 38, 39, 75, 79
Quellenangabe, Online-Inhalte, 67
Quellenforschung, 17
Quellenmaterial, 20, 80
Quellennachweis (AMS), 56
Quellennachweis (Harvard-Methode), 43
Quellennachweis (in Fußnoten), 19, 58, 59, 125
Quellennachweis, 17, 19

RIS, Datenformat, 115
Randsetzung, 39

# 13 Begriffsindex

Reader, 47
Redlichkeit, 99, 101
RefWorks, 115
Referenzierung, 45, 79, 80
Referenzzahl (AMS), 56, 57
Regelmäßigkeit, 17
Reihenangabe, 34, 54
Reihentitel, 34, 54
Renommee, 21
Report, 29, 35, 54
Report-Nummer, 35
Reprint, 34, 35, 52
Reprint-Ausgabe, 35
Resolver, 65
Retrieval, 78
Richtlinien, 16

SVN, Subversion, 90
Sammelband, 30, 32, 35
Sammelwerk, 46
Satzprogramm, 16, 20, 39, 56, 75, 77, 79, 80, 82, 85
Scannen, 35
Schnittstelle, 77, 78, 81, 85
Schreibwerkstatt, 104
Schriftart (FreeType), 39
Schriftart (OpenType), 39
Schriftart (Postscript), 39
Schriftart (TrueType), 39
Schriftgröße, 39
Science Citation Index, 20
Scientific community, 15
Scientometrics, 22
Seitenzahl (AMS), 56
Seitenzahl (Harvard-Methode), 43
Sekundärquelle, 17
selbstständig erschienenes Werk, 29, 35
Selbstzitat, 26
Seminararbeit, 15
Session-ID, 64

sinngemäße Wiedergabe, 39
sinngemäßes Zitat (Harvard-Methode), 44
Skript, 76
Skriptsprache, 76
Social Sciences Citation Index, 20
Sortierkriterium, 38
Sortiermethode, 76
sprachliche Eigenheit, 41
Sprachstil, 38, 40
Stil (Schriftsatz), 39
Stildefinition, 75
Stilvorgabe (AMS), 56, 57
Stilvorgabe, 59
strukturierte Textliste, 76
Stücktitel, 34
Style (Schriftsatz), 39
Style, 75
Style file (BibTeX), 87
Style-Sheet, 16
Suchmaschine: Funktion in der Textproduktion, 104
Szientometrie, 22, 25

Tabellen, 60
Tagungsbeitrag, 33
Tandem, wissenschaftliches, 106
technischer Bericht, 35
Technischer Report, 54
Teilplagiat, 100
Textbaustein, 80
Textformatierung, 81
Textinterpretation, 40
Textkorpus, 16, 17, 38, 41, 58
Textverarbeitung, 16, 20, 39, 56, 75, 77, 79, 80, 82, 85
Textwiedergabe, 40
The Modern Language Association of America, 42
thematische Reihe, 34
Theologie (Wissenschaftsfach), 58

Tiefstellung (Schrift), 39
Tonaufnahme, 60
Tonmaterial, 60
Totalplagiat, 100
Tradition des Mündlichen, 16
Translator, 94
Transliteration, 32
Typensetzung, 39
typographische Kennzeichnung, 41
typographische Setzung, 41

URL, 34
URL, Schreibweise, 64
URN-Resolver, 67
USB-Stick, 32
Übernommenes, 15
Übersetzungsplagiat, 100
Übersetzungswerk, 35, 54
Umschreibung, 32
Universal Resource Locator, 34, 64
Update, 75, 78
Urheber, 15, 27, 31, 33, 35, 40, 45
Urkunde (Quelle), 58
Urkunde, 80

Verästelung, 24
Verbalplagiat, 100
Verfasserwerk, 32
Vergleich, 42
Vergleichbarkeit, 20
Verhaltenskodex, 26
Verhältniszahl, 22
Versionsnummer, 19, 34
Versionsverwaltung, 90
Versionswechsel, 81
Verständlichkeit, 17, 36, 38, 40, 41, 42
Vertrag (Quelle), 58
Vertrag, 80
Verzeichnis, 11
Verzweigung (Ko-Zitierung), 24, 120
Visualisierungsmodell, 24

Volltextsuche, 76

Wahrscheinlichkeitsrechnung, 22
Werk in unterschiedlicher Auflage, 31
Werk-Paar, 23
Werkart, 43
Werkausgabe, 32, 45
Werktitel, 34
wissenschaftliche Realität, 25
wissenschaftliche Strömung, 21
Wissenschaftlichkeit, 11, 13
Wissenschaftsdisziplin, 22, 27, 41, 80
Wissenschaftsevaluation, 21
wissenschaftshistorisches Interesse, 21
Wissenschaftsmarkt, 106
Wissenschaftspädagogik, 109
Wissenschaftstheorie, 21
Wissenschaftsverständnis, 16
Wissenschaftszweig, 12, 19
World Wide Web, 16
wörtliches Zitat (AMS), 57
wörtliches Zitat (Harvard-Methode), 44
wörtliches Zitat, 39
Writing Fellows, 104

Xerox-Verfahren, 35

Z39.50, 78, 83
Zeilenabstand, 39
Zeilenhöhe, 39
Zeilenschaltung, 39
Zeitangabe (AMS), 56
Zeitangabe (Harvard-Methode), 43
Zeitschrift, 46, 55
Zeitschriftenartikel, 29, 34, 36, 55
Zeitschriftentitel, 30
Zeitung, 46
Zeitungsartikel, 30, 36, 55
Zitat, 39

## 13 Begriffsindex

Zitat aus zweiter Hand (Harvard-Methode), 44
Zitationsdatenbank, 20, 21, 22, 24
Zitatsprache, 41
Zitatstelle (Harvard-Methode), 43
Zitatstelle, 36, 40, 42, 80, 81
Zitattext, 41
Zitierabhängigkeit, 27
Zitieranalyse (BibTeX), 87
Zitierattribut, 36
Zitierdatenbank, 21, 23
Zitierform, 77
Zitierformat (LaTeX), 119
Zitierhäufigkeit, 22, 23, 24, 27
Zitierkartell, 27
Zitierrate, 26, 27
Zitierstil, 85
Zitierstyle, 85
Zitierverwaltung, 20, 75
Zitiervorschrift (AMS), 56, 58
Zitiervorschrift, 11, 42
Zotero, 82
Zotero, Zitiersoftware, 93
Zugänglichkeit, 18
Zusatzangabe, 30